# 我這樣讓孩子上牛津大學

## 親子共讀、小提琴與功文式學習養成資優孩子

田中勝博〔著〕 陳玉華〔譯〕

【推薦序1】

# 人是環境之子

中華民國鈴木音樂才能教育協會
Taiwan Suzuki Association（TSA）
理事長　柯雅雯

這本書的作者田中先生以「鈴木教學法」、「功文式學習」等方式成功培育孩子，相信在台灣運用「鈴木教學法」及「功文式學習」教育方式的家庭也有非常多類似成功的例子，其中「鈴木教學法」的部分，我非常樂意與讀者分享與呼應。「鈴木教學法」原創人鈴木鎮一（Dr. Shinichi Suzuki）博士的理念，強調的是「人是環境之子」，它是一種最符合人類學習原理的母語式（Mother tongue）教學。鈴木博士強調的「愛的教育」，是著重兒童生命價值的開發，而非才智的優劣高低。

## 「育教」、「教育」、「教教」

田中先生在書中提到應培育孩子成為「有能力、有魅力的人」，「發展孩子的可能性」、「讓孩子綻放」等理念。正是鈴木博士所強調的「育重於教」，培育開發孩子潛能重於教導孩子知識及技能。鈴木博士認為孩子在學校大部分接受的是只「教」不「育」的教育，遺憾現代多數教師擔任的角色是教導孩子「教材」的教師。

## 「反覆訓練」與「不急、不休息、不放棄」

「鈴木教學法」與「功文式學習」乃至「讀經班」等學習皆是運用反覆訓練，逐步、慢慢、簡單之步驟。鈴木先生常給予家長耳提面命的一句話是「不急、不休息、不放棄」，強調「One Lesson, One Point」，重視教師、孩子與父母間的三角關係，認為家庭是培養孩子能力的重要條件。個人極推崇認同田中先生所言「傾注滿滿的愛很重要，孩子只要受到讚美，自然就會成長」。因鈴木協會（TSA）自1994年以來致力推廣台灣「鈴木教學法」，給予台灣孩子的教育環境與指標正如田中先生理念。

我以從事TSA「鈴木教學法」工作多年的教師身分，誠懇推薦這本優質的教育書籍，相信讀者看完田中先生對孩子的教育理念及方法後，都會與我一樣內心共鳴不已。每年我代表鈴木協會在各大學演講與接受各傳播媒體專訪之內容正是與書中所傳達的教育理念完全相同。

【推薦序2】

# 「功文式教育」培養孩子自學自習的能力！

功文文教機構
蔡雪泥　總裁

三十年前，我就一直深信「功文式教育親職輔導」是培養優秀孩子的最重要元素，直到現在，我的信念更堅定不移，因為功文式教育在臺灣推動三十年來，不斷地出現輔導成功的案例，並造就了數以萬計的優秀兒。

## 提供孩子多元教育

很高興地，在此我又看到了一個實例的展現，本書的作者田中先生與他的妻子為孩子所做的付出與努力，正是功文式教育親職輔導理念推動的最佳典範。

每一個個體都源自於家庭，自家庭中成長、茁壯後，再慢慢擴展、接觸到不同型態的社群。為了讓孩子適應多變的學習環境，父母提供給孩子的教育應該是多元的。

## 重視親子互動關係

功文式教育不止重視受輔者的學科能力，更致力於親職教育的推廣，教導父母了解自己的孩子，依照孩子的個別能力給予適切的輔導。此外，父母更是孩子最重要的支持系統，若能從幼兒期開始奠定親職的互動關係，成為孩子學習、成長的良伴，便能幫助孩子培養面對未來挑戰的各項能力。

孩子是天生的觀察家與科學家，可以說是「自學自習」的最佳代言人，如何讓他發揮至最好的境界，則是父母的職責。

## 給每一位孩子最好的禮物

田中先生在前言當中提到他的孩子即將進入醫學院的那一段話，讓我相當地感動。

他說：「藉由我們夫妻一手培養夕已的『自我學習的能力，成長的能力』，他贏得了入場的門票。」

這個「自學自習」的能力，正是功文式教育給予每一位孩子的禮物呀！

感謝本書作者田中先生在孩子最重要的學習階段，選擇了功文式教育；也謝謝世茂出版有限公司將此好書翻譯出版。相信藉由這本書籍的推廣，一定能邀請更多有心教育孩子的臺灣家長們，一起加入功文式教育親職輔導的行列，嘉惠更多的孩子，培養其學力、啟發其智能!!

前言

# 我不曾催孩子「去看書」，既看電視也打電動的孩子，也能上牛津大學

## 只靠功文式學習和床邊故事，就「可以上任何一所大學」

「不論是牛津還是劍橋，夕己都進得去喔！」

當初聽從了妻子的建議，將年滿10歲的兒子——夕己，送到英國的寄宿學校時，和我們面談的老師說了這句話。

我發誓，我和妻子都沒有對我兒子夕己實施什麼專業的英才教育（基本上，我並不認為有什麼教育計畫或教材一定可以讓孩子考上牛津大學），更沒有對他實施所謂的斯巴達式教育，甚至連電視和電動都沒有禁止他去看、去玩。

相反地，在我的記憶中，我根本就沒有對他說過「去看書」這類的話。

真要說我們有要求兒子做什麼學校以外的功課的話，頂多也只是讓他到住家附近的功文教室上課，還有每天在睡前讀30分鐘的床邊故事給他聽而已。而即便是功文教室的作業，也都是在我們開口說「快去寫」之前，他就已經主動去寫了。至於床邊故事，更是他主動央求「說給我聽」的。總之，沒有一項是我們強迫他做的。

除此之外，他還會打電動，也會看漫畫。整天不是踢足球，就是和朋友玩，然後每天9點準時上床睡覺。他就是這麼一個普通的小孩。

不過，本書開頭老師所說的那句話，並沒有讓我們夫妻感到意外。因為，雖然我們很少教導夕己課業上的知識，但是，我們以自己的經驗做為基礎，絞盡腦汁地設想了一些「讓他自己想看書的方法」、「讓他有效率、有效果地學習的方法」、「讓他不對唸書感到厭倦的方法」，並盡全力地一路實行。

而這些方法可以用在任何一個家庭，而且在不花什麼錢的狀況下就可以實行。父母需要做的只是一些小小的安排，花點心思讓孩子養成習慣而已。這麼做不僅可以培育出學習意願高的小孩，甚至能夠開花結果，讓孩子考上世界數一數二的牛津大學。

## 我們家的育兒故事簡介

在這裡要先介紹本書的主角——我的兒子，夕己的成長過程。

1985年8月7日，我們的第一個孩子——夕己誕生了。

在取名前我們夫妻決定先就夕己未來的教育方針好好地思考。事實上，我和妻子的成長環境完全不同，而且是恰恰相反。因此，我們決定互相說出彼此對今後教育孩子的想法。

我在一個複雜的家庭環境中長大。就學時，過著受繼母虐待、連飯都沒得吃的生活。雖然後來考上國立大學，但很早就結束學生生涯到英國去，一路打拚下來，等到偶然停下腳步歇息時，已經是英國某一金融機構的董事了。

至於妻子則是出生在英國的律師世家，母親是擁有40年教育資歷的「教育專家」。因此，妻子是在充滿母愛與愛的教育下成長的。

雖然夫妻在不同的環境下長大，但對於孩子的教育方式，卻很自然地達成了共識。

與其傳授知識，不如傳送父母之愛。

讓孩子從母親身上學會體貼，從父親身上學會如何面對嚴苛的競爭。

並且站在同為獨立個體的立場，接受孩子的個性，且對等地相處。

另外，由於是男孩子，所以必須特別教育他要成為一個能在將來具備經濟能力的人。因此，雖然不必重視學歷，但還是要夠聰明。不過，我所謂的「聰明」，並不是指一個人擁有豐富的知識，而是要能夠主動不斷地學習、吸收新知，並且能加以運用。

因此，我們對教育方針所做的結論就是：

不要逼他讀書，

要營造一個讓他自己想讀書的環境。

而這也成了我們家的教育基本方針。

在6歲之前，夕己一直住在英國，只有偶爾短期地回到日本。當時他還和其他小朋友一樣，是個極為普通的男孩。

唯一不同的是，他很懂事，不會主動說出自己的好惡，也不會麻煩別人。喜歡待在家裡看故事書、看影片，而比較不喜歡外出，是個安靜的孩子。

1991年時，因為工作職務調動的關係，我們回到了日本，夕己進入東京的中野區立小學就讀。當時，我們完全沒有想過要讓他參加私立小學的入學考試，而且也覺得沒有這個必要。因為我們總是認為，不過是小學而已，學校成績一點都不重要，只要孩子能開朗、健康、體貼就夠了。

第一次和學校導師面談時，導師這樣說：

「夕己吃飯的速度很快，將來一定會出人頭地！」

雖然不懂這是什麼邏輯，但是當時覺得這個老師的話很妙。或許他當時就已經預言了夕己的傑出表現，而這是連我們做父母親都沒有料到的。

夕己上小學後，在我們眼中的他依然是個極為普通的男孩。雖然剛接觸功文式學習，也在妻子的影響下開始學小提琴；但他那熱切期待每週播放「七龍珠」卡通的模樣，十足就是個小學生。而喜歡踢足球的他，即使並不討厭讀書，卻還是一個平凡的普通男孩。

1995年時，依照妻子的意思，決定讓夕已進入英國的寄宿學校，於是他再度赴英。在寄宿學校面談時，老師當場說了本書開頭的那句話。

後來，夕已果真踏上那位老師所說的路——13歲時進入溫徹斯特學院（Winchester College），用足球和學業歌詠他青春的生命，後來還進入牛津大學中特別難考的摩頓學院（Merton College）。他在那裡學習數學。2008年秋天，他已經順利地以First class（成績優秀者前百分之五）的成績畢業了。

這就是我們家和夕已的成長故事簡介。

## ✿在10歲之前，要培養成會主動看書的小孩

看到這裡，或許有些讀者會想：

「什麼！難道只幫孩子看功課看到10歲嗎？」

我的答案一半是「YES」，一半是「NO」。

首先來說一半是「YES」的理由。以我個人主觀的意見來說，一個孩子會不會讀書，大約在10歲左右，也就是小學時期，就已經大致決定了。或許會有例外，但基本上，我們很少聽說「小學時的功課完全不行，從國中開始變得非常喜歡讀書，成績突飛猛進」這樣的例子。相反地，也很少聽說「從小學開始，讀、寫、算術都很優秀，但是到了國中，卻跟不上學業」的狀況。

當孩子在10歲前就已經養成主動看書的習慣後，他們會在國中、高中升學時，選擇「自己想要念的學校」，而且在大學升學時，選擇「自己想要鑽研的科系」，主動地為升學而讀書，並且在進入大學後繼續讀書。

相對地，沒有在10歲前養成讀書習慣的孩子，也很難在後來養成這樣的習慣。因此，他們不擅長讀書，只會在面臨考試時，才到補習班硬將知識塞進腦袋裡面。

將年紀設定在10歲，雖然這並沒有科學上的根據，但事實上，我認為這個設定還是太寬鬆了。其實我真正的想法是，大約在5到6歲學齡前就已經確定了，只要在這個時候養成主動看書的習慣，接下來就算是放牛吃草，孩子還是會自己讀書。只是，在10歲之前，一切都還來得及。至於10歲以後，那就很遺憾了，我無法提供任何建議。

除此之外，對於孩子提出有關功課上的問題，父母能夠回答的也只到小學的程度而已。有多少父母還能夠確實回答國中數學或古詩詞的問題呢？不過，如果是小學課本，還是有辦法回答吧！

因此，對於「難道只幫孩子看功課看到10歲嗎？」的疑問，我的回答是「YES」，而且我認為那樣就夠了。

接下來是另外一半「NO」的理由。如果狹義地解釋「幫孩子看功課」，那麼，我們夫妻根本就沒有強制地要求孩子坐在書桌前讀書過。而如果是廣義地解釋「幫孩子看功課」，那麼，「帶孩子去旅行」、「和他一起玩棋盤類遊戲」也都可以視為是間接的「促使孩子想看書的活動」，而這些活動當然可以持續到10歲以後。因此，我對於「難道只幫孩子看功課看到10歲嗎？」的疑問，有一半的回答是「NO」。

或許有些人會覺得「這樣根本和父母的家庭學習無關，而是因為寄宿學校的教學成功，才能考上牛津大學的吧？」因此，我要先補充一句話。並非只要有錢，任何人都可以進入寄宿學校的，況且，也有很多小孩在寄宿學校學習成果不佳。

雖然擁有非常好的學習環境，但是，要在那裡如何學習，以及學習什麼？就完全是孩子自己的問題了。而孩子的學習態度，在入學前已經大致底定。

接下來雖是題外話，但根據夕己自己的描述，他和其他學生在寄宿學校時期最愛的一門課，是一週一次的「沒有主題的課程」。如字面的意思，這是一門不在事前決定要教些什麼內容的課程，而是等老師來到教室後，再和學生聊自己目前所沉迷的事物、熱衷的興趣等等。

話雖如此，對孩子來說，這門課程也並不是供他們輕鬆玩樂的。由於老師會很認真地討論，學生們也會因此學習到，當一個人懷抱熱情、專心於某件事時，會是什麼樣子。這一點是從課本無法學到的。夕己曾在日後提到「回顧寄宿生活給我幫助最大的就是『沒有主題的課程』」我想這句話一點也不誇張。

## 本書架構

綜合前面所述，我們夫妻對夕己實施的是一種「培養自我學習」的教育。而這種教育的方式奏效了，很幸運地，夕己成長為我們期望中的孩子。而且結果是，他考上了牛津大學。

我們夫妻被朋友、眾多家長詢問過無數次關於如何教育夕己的問題。

「田中先生，你們到底是怎麼教育孩子的啊？」

「應該怎麼做，才能教出會讀書的孩子呢？」

「考試不辛苦嗎？」

我在前面說過，我和妻子都沒有對夕己施行什麼特別的教育，當然也沒有教導他關於要如何考上牛津大學與應考策略等等。因此，我無法告訴家有國中生或高中生的家長關於成功考取的秘訣是什麼。

如果一定要我們為大家提供什麼建議的話，那我們只能教大家——如何培養一個願意主動學習、吸收知識並成長的孩子。對那樣的孩子來說，大學的入學考試根本就算不上什麼困難，因為他們早就已經具備靠自己的雙手開拓人生的強大能力了。

關於這個部分，我們夫妻充滿自信，畢竟我們也經歷了絞盡腦汁、不斷嘗試錯誤，並且加以實踐的過程，而在最後獲得了成果。而這本書就介紹許多可以培養出像夕己一樣「主動看書的孩子」的線索。

在這本書中，我們將所實踐過的教育方法分成4個章節來介紹。

在第1章中，要先談比讀書更重要的基礎，也就是「發展孩子的可能性」、「激發孩子學習熱忱的方法」。未來選擇少的孩子不會有讀書的熱忱，只要失去熱忱，就無法學到知識。因此，在這裏將介紹一些如何培養孩子產生「我想學習」、「我想嘗試挑戰各種事物」等自主性想法的小方法。

只要能夠做到這一點，以後不管是讀書或做其他事情，最後一定都能成功。

在第2章中，要談如何培養孩子具備所有學習的基礎能力——「國語」和「數學」的方法。所採用的方法就是「親子共讀」與「功文式學習」。極端一點地說，只要這樣做，就能提升國語和數學能力；而只要國語和數學能力夠強，在社會科和理科等科目也會有很好的表現。

此外，由於我們家的觀念是：人生的選擇不是只有上大學和到大企業工作而已。因此，我們夫妻也從運動和藝術方面去探索孩子的才能。這個部分將會在這一章中介紹。

在第3章中，要談如何讓孩子持續快樂學習的秘訣。學習的基本在於反覆練習，但喜歡反覆練習的孩子卻很稀少。我自己是這樣，夕已也是這樣。因此，我思考出一種方法，那就是將學習遊戲化。「遊戲化」這個關鍵字是本書中非常重要的主題，只要父母肯花些功夫，就會給孩子帶來正面的影響，而這種影響是家庭教師和參加考試所無法比擬的。

在第4章中，稍稍將偏離學習的話題，要談的是培育孩子成為「有能力的人」、「有魅力的人」的方法。所謂的「在入學考試的戰爭中勝出的人及高學歷的人，就是工作能力強的人」我想大家從經驗中都能理解這並非事實。要在社會上生存，就必須具備有人緣，能順利與人溝通的社交能力。

因此，對孩子的教育不應該只是教孩子讀書而已，培養這種均衡發展的社會人格也是父母的重要責任。

## 先從父母開始改變

在我們家，是一個父母都會說英語，母親還會說拉丁語的特殊環境。就這兩點來說，我認為是很大的優勢。

「那樣太有利了，和我家的情況根本不一樣。」

如果有人因為這樣而合起書來，那是他的自由。

但是，反過來說，除了這一點以外，我們家和普通家庭並沒有任何不同。當然，我們也沒有花到什麼錢。花在教育上的費用，頂多只有功文教室和小提琴的月費而已。而就算是這兩種費用，也花不了多少錢。

根據日本文部科學省（相當於台灣教育部）實施的「2006年度兒童才藝費調查」的結果，公立小學的「校外活動費」年平均金額為23萬6542日圓，至於私立小學，則為56萬2340日圓。由於功文教室和小提琴的月費加起來，每個月也花不到2萬日圓，因此，平均來說，比調查結果還要便宜。

不要一下子就認為「在我們家不可能」，而是要抱著「有什麼方式可以在我們家實施」的想法，來積極地閱讀本書。

如果父母先放棄，孩子的未來就停止發展了。

本書並非所謂的「教育專家」所寫的書，而是以一對夫妻的經驗為基礎所彙整而成的書。其中妻子是出生於英國的上流社會，並在充滿母愛的照顧下成長。丈夫則是從貧困中成長、隻身赴英，一個人在英國社會的金融圈中奮鬥，歷經了許多磨難；由於他沒有享受過一絲父母之愛，所以決心要對自己的孩子付出滿滿的愛，並以超越一般父母的態度，在孩子教養上傾注自己所有的熱情。因此，雖然不是以教育「專家」的姿態寫書，但卻擁有「最厲害的業餘者」的自負。

## 藉由本書想傳達的事

在本書中，我將介紹幾種讓孩子喜歡看書的方法。只要能加以實踐，最後考上東京大學等日本一流大學的可能性就會提高。

不過，另一方面，也要傳達我自己對日本的「入學考試戰爭」以及最近的「應考風潮」的一種無法理解的感覺。

「進入名校〇〇中學！」

「應屆考上△△大學！」

以家中有考生的家長為閱讀對象的雜誌，這樣標題的特集的確非常吸引人，而所有文章的終極目標都是為了考上東京大學、考上一流大學。

如果孩子是在自己有明確目標的認知下，以東京大學為標竿，那麼身為家長的我們當然要感到開心，也都應該支持孩子。

但是，大部分的情況都是父母抱著「只要能考上一流大學就夠了」的想法，讓孩子走上父母所鋪設的道路，不管孩子的意願，要他們拚命往前跑。那種只讚美在入學考試戰役中勝利的親子，並視他們為「優勝者」的風潮，可以說是存在於社會各個角落。

就某方面來說，這確實是一項成果。優秀大學的畢業證書是通往優良大型企業的護照。但是，如果從孩子的可能性或選擇性的觀點來看，我認為這樣的成果太渺小了。

而且，即使是幸運考上一流大學，在目前這種「大學錄取率百分百」的時代，國立大學、早稻田大學或慶應大學，或者研究所的畢業證書，它的效力已經不如10年前的證書了。也或許是深刻體驗到這一點，現在似乎有很多親子的目標都是從日本知名大學畢業後，繼續到哈佛大學等國外名校深造。

但是，我認為如果是因為有某種目標才到國外留學，那麼壓根就不應該參加日本大學的入學考試，而是不是應該從一開始就參加國外大學的入學考試呢？又或者，如果自己的目標和大學及學歷無關，那麼也就不需要參加入學考試了。

不論是覺得「幸好自己是一流大學出身」的父母，或者是覺得「因為自己學歷差，才會這麼辛苦」的父母，如果因此而讓自己的孩子認為「考上東大是最終目標」的話，那真的是非常要不得。因為那對今後不曉得會綻放出哪一種花，未來充滿各種可能性的孩子來說，根本就是一種強逼他們只能開出一種特定花朵的愚蠢行為。

「讓孩子綻放」這句話應該不是這個意思。父母的責任並非擅自為孩子決定旅程之後，並且將護照交給他們，而是應該賦予他們獨力取得旅費與護照的能力。

這樣才是真正的「讓孩子綻放」的意義。

不論是從東京大學畢業，還是到哈佛取得MBA，在別人安排的道路努力，那樣的孩子無法獲得真正的幸福。如果父母真的希望孩子幸福，能夠做的就是「增加孩子的選擇」、「發現孩子的可能性」並且「賦予孩子取得那些東西的力量」。我認為就是要在這些方面盡力。

## 不輸給任何人的堅強與體貼

我身邊有一本相簿，裡面的相片是依照每週拍攝一張的時間序排列的，而這些相片都是妻子拍攝的。

如果有人拿到這本相簿，想必會在翻閱前面數頁後，感到困惑。雖然每一張相片的背景不同，但裡面的人都是同一位女性。因為沒有擺特別的姿勢，完全看不出拍照的意圖。

不過，只要是繼續翻頁，應該就會發現照片的女人——我妻子的肚子正在逐漸變大。沒錯，這本相簿就是妻子從懷孕到生產的記錄。而第一張相片是在知道懷孕的那一天拍攝的。

在相簿的最後一張相片，是即將生產的妻子抱著大肚子在病房裡拍攝的。這是唯一一張在醫院裡面拍的相片。

歲月流逝。

在拍攝最後一張相片後不久，小兒夕己就出生了。而在2008年的秋天，他就要從牛津大學畢業了。在多方思考未來的路後，他決定在畢業之後，以成為醫師為目標，繼續到醫學院深造。他參加了兩所英國大學的醫學院考試，兩所都錄取了。

從我們夫妻為他盡可能開拓的選項中，他選擇了醫學這條道路，而藉由我們夫妻一手培養的「自我學習的能力、成長的能力」，他贏得了入場的門票。

雖然沒有聽他親口說過，但我認為，他之所以會選擇成為醫師，應該是不捨妻子一直在和病魔纏鬥吧！

2000年時，妻子在歷經將近4年和肺癌搏鬥的日子後，離開了這個世界。

妻子在生前留了一封信給夕己。信上這樣寫著：

「要磨練出不輸給任何人的堅強和體貼喔！」

如妻子所願，夕己已成長為比任何人都體貼的男孩。

和上牛津大學比起來，這一點更令我感到驕傲。

在寫這本書時，我已經覺悟到可能會被稱為「溺愛子女的糊塗父母」，但是無所謂，因為只要有一個人在看完本書後，能因此更瞭解如何教育孩子、如何和孩子相處，或者因而獲得家庭教育的方法，同時也能成為一個讓父母賦予孩子們更多選擇與掌握選擇能力的契機，那就是我最殷切的期望了。

田中勝博

2008年7月

# 目錄



## CHAPTER 1

## 應該比功課先教的事

### 培養孩子的「學習意願」與「好奇心」

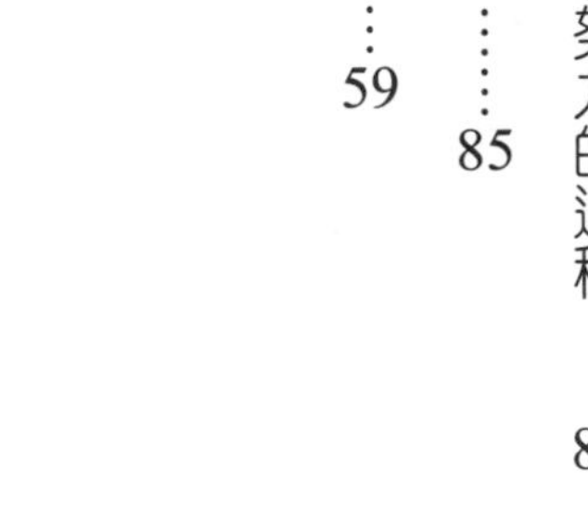
KUMON

CHAPTER

# 2

# 「功文式學習・親子共讀・小提琴」讓孩子成爲天才

## 讓孩子具備「學力基礎」與「所有的可能性」

CHAPTER 3

# 讓學習遊戲化

## 「和讀書成為好朋友」與「讓孩子擅長讀書」的方法

CHAPTER 4

# 讓自己的孩子不至於「無能」與「白目」的方法

## 培養「受歡迎」與「在社會堅強存活」的能力

GOAL

CHAPTER 1

# 應該比功課先教的事

## 培養孩子的「學習意願」與「好奇心」

## Your son is like a sponge !

好奇心旺盛，貪婪地吸收知識——打從夕己還沒有出生時，我們夫妻就一直在思考著要將他培養成這樣的小孩。如果能夠成功，那麼就不需要到補習班上課；即使放牛吃草，他也會逐漸擁有豐富的知識和教養。由於不是「被逼讀書」，那麼記憶效果及成績都會提升；而且，就不需要昂貴的教育費了。

想達成這樣的目標，應該如何做呢？舉例來說，必須給孩子各種刺激，讓他們看見多采多姿的世界。只要接觸越多的刺激，感興趣的事物也會增加。如此一來，對於將來夢想的選項也會增加。而即使光就學習來說，也比較容易設定目標。

傾注滿滿的愛也是很重要的。孩子只要受到讚美，自然就會成長。而家庭環境差而且缺乏父母愛的孩子，基本上不可能在眼神中閃耀著求知欲望，主動去學習的。

在我們家，這是比功課優先的、最重要的課題。只要能做到這一點，即使父母沒有要求孩子「快去做」，孩子也會自己讀書。

幸好我們夫妻的努力有成果，夕己果真成為那樣的孩子。在他就讀英國的寄宿學校時，老師對他的評語是：

「Your son is like a sponge !」（你的孩子就像海綿一樣！）

擁有旺盛的好奇心，就像海綿吸水一樣，老師才剛教完，很明顯地就開始吸收。那麼，我們究竟是做了什麼努力，才讓夕己具備那樣的能力呢？接下來就讓我詳詳細細地告訴大家。

# 外出次數越多，孩子的可能性就越寬廣

## 從嬰兒時期開始刺激五感

要如何才能培養出像海綿一般的孩子呢？我們夫妻以培養那樣的孩子為己任，並做了各種嘗試。

首先，我們最先想到的就是「盡量多給予孩子刺激」。因為不清楚夕己隱藏著哪種可能性，所以給予他許多的刺激。而這一點不僅是在最初，也幾乎成為我們家幼兒期教育的最終做法。

舉例來說，在種類繁多的犬種之中，能夠做為盡責的導盲犬的，僅限於極少極少的犬種而已。導盲犬必須具備的資質有：對聲音有極佳的反應、能夠與人類四目相接、穩重等。而為了確定一隻狗是否具備這些資質，就必須給予牠所有的刺激，以製造觀察反應的機會。

我們夫妻的想法和選擇導盲犬的方式如出一轍。因此，我們盡可能地帶孩子到各種地方去，讓他看各式各樣的東西，並且去觸摸、去感受。只要這樣做，就可以從孩子的反應中看出他具備什麼樣的資質。而且，要藉由從早期開始給予大量刺激，讓孩子好奇地想「這是什麼啊」，就必須得幫孩子建立起許多天線，讓他在未來充滿好奇心。

因此，當夕己還在喝母奶的時候，我就讓他聞我正在吃的白飯味道，還會和他說很多話，給他一些聲音、光線、味道、觸覺等刺激，以開發他的五感。而且在他強褓時期，我就將他置身於有如洪水般的刺激環境中了。

## 讓孩子看到的世界越寬廣，他的選擇就越多

孩子稍微長大後，如果只待在家裡，接受的刺激會受到侷限。如果要給孩子

越多刺激，就必須隨著孩子的成長，經常帶他走到戶外，帶他到各種地方去。

當初還在英國時，每到週末，我們都會到英國各地或其他國家旅行。可以說，我們當時最喜歡的活動就是旅行。雖然帶幼兒期的孩子旅行並不輕鬆，但是因為不會對別人造成困擾，所以我們就到處都去。

我的目的是想讓夕己盡可能地看到這廣大的世界。如果他是在狹小的世界裡成長，那會變成什麼樣子呢？想必他的人生選項一定也會被侷限在極為狹窄的範疇內吧，如此一來，孩子的可能性就會隨之縮小。

孩子的可能性是無限的，正因為遠大於父母的可能性就在孩子嬌小的身軀內沉睡著；既然如此，努力讓那些可能性開花結果，這不就是父母的責任嗎？

因此，我們真的是每週末都到各地方去。就跟字面上一樣，是每週末。

## 不要把「沒時間」、「沒有錢」當藉口

週末的目的就是「遊玩」。我們當初就是抱持著這樣的決心，絕對不在週末工作。由於平日很忙，無法如願抽出時間陪孩子玩，能夠陪孩子的時間就只剩下

週末假日而已。就這點來說，我們家和其他家庭並沒有什麼不同。因此，我們都會排除萬難，迎接週末的到來。

話雖如此，就現實情況來說，由於當時我手上還有固定的帶狀電視節目，所以連星期六也要工作。因此，能陪孩子玩的時間只剩下星期日而已。由於到遠地旅行很花時間，因此，當時很少有長途旅行。

當然，即使平日的工作已讓我感到筋疲力盡了，但我嚴禁自己說出「我好累，讓我休息……」這種話。將自己僅剩可以陪孩子的時間拿來睡覺，我認為這樣是失去做為一個父親的資格。

**Point**

**能夠盡情地陪孩子玩的時間，只有短短的10年。即使只是3歲的孩子，也已經用掉3分之1的時間了。**

我們不會因為「要花錢」而不敢外出。說到外出，並非只有必須大費周章的旅行或到遊樂園去才算外出。還是有些方法，可以在不花錢的情況下，帶孩子到各種地方去。舉例來說，在我們家，就經常利用捷運的1日券。東京有東京都區內的自由行車票、東京捷運的自由行車票等各式各樣的1日遊車票。只要大約700日圓，就可以在1天內，任意搭乘東京都內的捷運或公車。搭乘從未搭過的捷運，去看從未見過的風景，遇到感興趣的車站，就下車逛逛。不必花很多錢，就可以充分滿足孩子。

有一整天的時間可用時，就去登山。從東京都內花1個小時就能抵達的高尾山是我們的最愛。沒有什麼活動比登山更不花錢，而且更健康。由於是難得的運動機會，我們不會搭乘纜車或滑雪電纜車，我們總是搭捷運到山腳下後，就一直往前走，然後從相模原的方向下山。像這樣的週末活動就是能充實地玩上一整天的最佳週末。以不花錢的地點來說，鐵道博物館也是我們家的固定行程。幼兒門票只要200日圓、小學生只要500日圓，非常便宜。

# 「觀察」與「觸摸」，是最佳的學習



## 伴隨著感動與實際體驗的知識會終身不忘

像這樣，孩子眼中所見的一切事物，都會成為一種刺激、一種好奇心，並且變成一種對世界的關心。出乎意料地，父母經常會忽略一點，那就是如果要在學校取得好成績，累積這類體驗是非常重要的。因為親眼看見課本上的知識，並親手觸摸，將可以獲得最佳的學習效果。

我在英國時，就經常去倫敦市內的大英博物館。那裡的收藏品約有７００萬件，規模可是世界第一，而且又不需要門票。沒有一個地方比那裡更適合做為週末的遊樂場了。記不清究竟去了多少次，總之，那是一個無與倫比的博物館，我們至今都還沒有參觀完全部的館藏。

大英博物館裡有展示羅塞塔石碑（Rosetta Stone），上面有古埃及祭司所寫的象形文字，當然是屬於世界級的貴重收藏品。說到埃及，當然還有木乃伊。這些都是課本上會學到的內容，所以對我來說，一切都不陌生。然而，課本知識卻會轉換成令人感動萬分的體驗。「這就是課本上學過的羅塞塔石碑啊」、「沒想到木乃伊這麼小耶」，讓課本上的知識和實際的體驗結合，這樣的說法或許會更加貼切。

這樣的體驗對學習非常重要。經常有人說課本的學習，不是真正的學習，因為不論從課本學到多少東西，只要缺乏實際的體驗，就會一直存在「木乃伊到底是什麼樣子？」的疑問。由於無法想像，知識便不會變成自己的，因此也就無法長期儲存在記憶中。不論從課本上學到多少關於木乃伊的知識，如果最後的結論是「不過就是乾掉的人體」，那就不會產生任何興趣。

但是，只要親眼確認過，就會深刻體驗到「原來這就是木乃伊啊」。如此一來，知識就會伴隨著感動與實際體驗，同時也會因而對遙遠埃及的歷史產生興趣。

像這樣不斷累積體驗，就可以培養出好奇心旺盛的孩子。

Point

**在學校教導之前，自動帶孩子去戶外教學吧！**

無庸置疑地，即使沒有去大英博物館也無所謂。只要去爬高尾山，那麼像地理課本上的「關東平原」、自然課本上的「針葉林」，這些枯燥乏味的文字也都會變成興味盎然的東西而映入眼簾。

我們家也經常到上野的科學博物館和天文館去。

像這樣提供孩子新發現的機會，也是父母的工作。所以我才會想帶孩子到各種地方去，讓孩子看看課本以外的廣大世界。

# 帶孩子到職場去

## 只有父母能讓孩子瞭解社會有趣的地方

經常外出，讓孩子看見多采多姿的世界，這在擴展孩子的可能性與刺激孩子的學習欲望上，是非常重要的。

而當孩子稍微長大後，就不能只單純地讓他們看「場所」而已，還必須讓他們看看他們終究要在那裡尋找生存之處的「社會」。

對孩子來說，大人工作的社會是他們嚮往的世界。不論是哪一種行業，大人那種專業工作的模樣，在孩子的眼中是非常了不起的。只要讓孩子看到這種了不起的模樣，他們就會對長大成為大人及成為職業人士懷抱著夢想。具體來說，只要孩子產生「我想成為這樣的人」的想法，就一定會產生學習的意願。

基於這樣的觀念，我幾乎每個月都會帶夕己到我工作的地方去。

## 對孩子來說，公司是超炫的主題樂園

在英國時，我是在外商銀行工作，當時銀行每個月都訂有一天「特別的日子」，能讓員工帶孩子到辦公室。這真的是一個很棒的做法，因為能夠讓孩子瞭解工作的最佳教材，還是父母工作的地方。

不管怎麼說，這裡畢竟和博物館或其他場所不一樣，是真正的職場。在銀行的交易室裡，可以看見電腦顯示的K線圖、時時刻刻變化的匯率公告板之類，一般場所看不見的東西。

「為什麼這些數字會動呢？」

「我們每次到商店去巧克力都是100日圓吧！但事實上，每樣東西像這個100日圓的價格，會一直產生變化，而這些數字就代表那些波動的價格。」

「為什麼價格會改變呢？」

當在交易室進行這樣的對話時，孩子所接受到的刺激超乎我的想像。而夕已每個月到辦公室來時，都會眼神發亮，不斷提出各種問題。

在歷經這些體驗後，以前概念模糊的「爸爸的工作」，就可以很清楚地呈現出來。如果光用口頭說明，一定不會有這樣的效果。其實對我來說，讓孩子看見自己在職場上努力的樣子，是一件令人開心的事。至於孩子，也會因為看見那樣的父母，而進一步對工作或社會湧現出更高的興趣。

**Point**

**不要因為是在孩子的面前，就老是擺出父母的架子；偶爾也該展露職場專家的神采給孩子看。**

對大人來說，自己的職場或許不是那麼充滿刺激的地方，但對孩子來說，不論是辦公桌、計算機，還是白板，看起來都非常的「成熟」、「厲害」、「酷」。

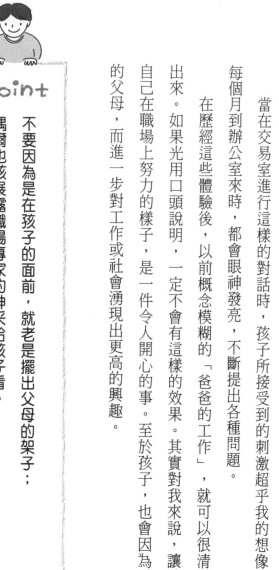

這樣做並不需要花錢買門票，而且對孩子是一種很強烈的刺激，是絕佳的社會學習途徑。因此，衷心期盼更多的企業也能採納這樣的做法。

或許公司有公司的顧慮，但就培養孩子的意願與好奇心的觀點來看，沒有一個地方的投資報酬率會比自己的職場還高的。

# 可以在家中實施的「13歲的職業介紹所」

## 年紀越大，選擇越少

人不會對陌生的東西產生興趣。只瞭解上班族世界的孩子，不會想成為醫生；如果一直不知道閱讀的樂趣，也不會想成為作家或記者。或許孩子體內沉睡著文豪的靈魂，但卻在父母的忽略下，一年一年地虛度。

這樣的狀況是絕對不能原諒的。父母絕對不可以窄化或者否定孩子無限的可能性。

我所謂的「選擇」其實就等於「夢想」。因此，當孩子擁有「我想變成那樣」、「我想變成這樣」的選擇時，就表示他已經擁有那麼多的夢想。而只要有夢，就可以朝著夢想努力，並開拓自己的人生。因此，父母絕對不可以剝奪孩子的夢想。

如果虛度光陰，人生的選擇就會越來越少。小學時還懷抱著「想當蛋糕師傅」、「想當運動選手」、「想成為總統」的夢想，但卻因為成績、資質或環境的因素，選擇逐漸被奪走。在進入大學時，還會被分成文學院或理工學院，就職時，會訂定「必須到大企業工作」的目標，像這樣能夠選擇的範圍越來越小。而如果想活用大學所習得的專業知識，職業的選項更會減少到五指可數的程度。

因此，在孩子變成那樣之前，要盡量讓他們看見更多的選擇，讓他們懷抱更多的夢想。如此一來，在孩子將踏進社會時選擇也會更多。我之所以會帶夕己到各種地方去體驗，就是抱持著這樣的企圖。

## 連父母不熟悉的世界也要讓孩子看見

話雖如此，事實上，要教導孩子自己沒有經驗過的職業是很困難的。就這一

## 《13 歲のハローワーク》官方網站

©13hw All Right Reserved.　http://www.13hw.com

除了有村上龍介紹的 514 種職業，還有 Q & A 欄，由大人負責回答孩子針對工作與職業所提出的問題。（中文版請參考 http://www.readingtimes.com.tw/TimesHtml/ad/Hellowork/index.html）

點來說，我覺得村上龍的《13歳のハローワーク》（《工作大未來——從13歲開始迎向世界》（時報出版））是一本非常優良的書籍。他透過這本書讓我們瞭解，除了「在一流企業工作到退休」，這種普遍被視為「理想」的經歷外，還有其他眾多的選擇。

一般父母的觀念大都是「進好學校，進一流企業」、「成為受人尊敬的醫師或律師等專業人士」、「只要這樣做，就會幸福」，但實際上真的是如此嗎？本書不對這點進行討論，但是，在這樣的限制下，孩子的選擇就變得太狹隘了。一百個孩子有一百種個性，這樣的觀念無法讓孩子好好地發揮自己的個性。

即使沒有進入一流企業，即使無法成為受人尊敬的專家，但還是可以獲得幸福，也能對社會有所貢獻。這樣的實例隨處可見。《工作大未來——從13歲開始迎向世界》一書讓我們再次認清到這一點。所以，還沒有看過這本書的讀者可以上官方網站查詢，請務必當做參考，和孩子一起聊聊他們未來的夢想。

## 讓孩子嘗試體驗大人的工作，給予孩子描繪夢想的線索

另外，建議帶孩子到一些可以體驗成人工作或職業的設施去。我們經常帶孩子到鐵道博物館去。鐵道博物館的優點在於展示了實體車廂與精巧的小型模型，此外，還有可以體驗的設備。和單純的參觀比較起來，這種方式可以給予孩子更多的刺激。由於可以坐到駕駛座中，體驗模擬駕駛等等，所以我和兒子夕己都玩得很開心。

在夕己小時候，還沒有「KidZania 東京」這類的設施，但現在已經有了。在這種職業體驗主題樂園，可以讓孩子體驗80種以上的工作。聽說連制服都準備得很齊全。

當然，我們不需要跟孩子說「是為了體驗什麼叫做工作」才帶他去的。完全不需要什麼大道理，我和夕己都只是單純地開心地玩而已，這樣就非常足夠了。由於只有「開心」這件事會留在孩子的記憶裡，因此完全不需要強制加入其他東西。還記得孩子昨天才說「我以後要當木匠」，結果隔天又說「我還是想當新幹

線的駕駛」。看到這樣的夕己，我自己也很開心。

## 自己無法示範的話，就對外求援

和工作上的朋友聚會時，我也會積極地讓孩子出席。所謂的金融世界，就是有許多人聚集在金錢的四周，而那些人全都可以成為孩子應該學習的「選擇」。

我有一個由500位會員所組成的粉絲俱樂部，而那500位會員完全就是一個縮小版的社會。有醫生、律師、會計師、演員，以及超過一般人能想像的職業人士。他們的存在對孩子來說，是孩子過去不知道的嶄新「選擇」。

我並沒有讓孩子做些什麼特別的事，只是讓他聽大人之間的交談而已。我認為孩子無法完全理解談話的內容，但是，只要稍微注意聽，應該就能瞭解談話裡隱藏著非常有趣的、只有那種職業才能體驗到的人生。那個人的職業的有趣之處、辛苦之處、在幾歲時遇到轉機、今後想要做些什麼等等，這些都是無法從電視或書本中學到的，是只有那個人本身才擁有的活資訊。在培養孩子的工作觀上，沒有什麼比這更珍貴的了。連我自己都常常從他們的談話中驚覺到「原來自己的世界這麼狹隘」，所以對孩子更是一種衝擊。

這個經驗讓我深刻領悟到，父母不必擔負教導孩子一切事物的責任。而既然已經知道自己的世界很狹窄，就可以將一部分託付給其他人。只要抱持「讓孩子看見各種選擇」的想法，這件事也就不會那麼困難了，而這是任何父母都做得到的。我想各位應該也開始有這樣的感覺了吧！

Point

即使碰到無法自己說明的工作，只要認識可以說明的人，那樣也OK。

# 把孩子和「成績單」、「父母的學歷」分開來看

## 如果用父母的尺來衡量，孩子無法獲得更大的成長

如前所述，我認為父母應該讓孩子認識父母本身所不瞭解的世界或職業。因為如果只教導孩子自己熟悉的世界，孩子的可能性也會因此受限。

從另一個角度來說，不光以自己瞭解的世界來評價孩子，這一點也很重要。特別是經常被拿來當做父母與孩子之間「錯誤的」共通語言——成績單。至少在小學階段，我認為不應該以成績單來評價孩子。

尤其是曾經經歷重視偏差值（類似台灣的基測PR值）的教育或聯考戰爭的父

母，更容易被「成績」這個價值觀所束縛。有越來越多的父母在孩子即將升上小學3年級時，就開始思考「要不要讓孩子參加私立國中的入學考試」了。

接下來，不用過多久就會開始在意孩子的成績，並急著判斷「這樣我家的孩子考得上嗎」、「是不是應該放棄了」。

其實不過就是小學3年級的成績而已，能由此判斷出孩子未來的發展嗎？而即使成績差，又有什麼意義嗎？

「就算讓這孩子唸書也沒有用。」

「畢竟是我的孩子，跟我一樣不會唸書。」

如果像這樣否定孩子的未來，那就太可憐了。但現實中，似乎就是有很多這樣的父母，一群以自我偏頗、狹隘的價值觀來判斷孩子的父母。這麼一來，孩子自我人生的選項將會被減少到極限。

其實，有些孩子雖然一時在某一個科目的成績表現不好，但後來卻能成為該科目的權威；而有些父母雖然是理工科系的，但孩子卻能走上文科的道路。總之，以成績單或自己的學歷為基準來窄化孩子的可能性，是一種愚蠢至極的做法。

## 國語的劣等生已經有20本著作問世

如前所述，我自己並不會為了孩子的成績單而感到開心或擔憂，基本上，我是根本不看成績單的。因為將成績好壞和孩子未來是否有所發展連結在一起是很沒常識的一件事，這是我從經驗中了解到的事實。

之所以會這麼說，是因為我目前已經有將近20本的著作出版了，但是在我小時候，我最不擅長的科目就是國語。而其中最令我厭惡的，便是暑假作業中的閱讀心得。就像一般討厭國語的孩子一樣，即使在暑假的最後一天，全身汗水淋漓地絞盡腦汁，也寫不出一個字來，最後只能照抄別人寫的心得，並在最後補上一句「真是令人感動」。

但是，現在的我只要10分鐘，就可以寫完一張A4的紙，而只要一個禮拜，就可以寫出一本書來，連每天持續寫部落格也不覺得苦。說實話，真的是連我自己也不懂為什麼小時候會那麼害怕作文呢？

一出社會後，沒想到就這樣自然地發生了，了解我過去的成績後，應該就可以理解，光靠一紙成績單就否定孩子的可能性，這是絕對不可原諒的。

Column

## 如何進入牛津大學？

其實，這個世界上並不存在一處叫做牛津大學的校園，而是將位於牛津市的 39 個學院、學堂、圖書館等集合起來之後，統稱為牛津大學城（Oxford University）。劍橋大學的系統也是如此。而夕己就是進入了這些學院中，特別難進入的摩頓學院就讀。

想要進入牛津，不需要參加日本大學那種入學考試。不過，必須在 17、8 歲時，參加一種 A 級測驗（General Certificate of Education (GCE) Advanced Level）。所謂 A 級測驗，是法語或德語、地理、歷史、拉丁語、數學、物理、電腦等各種科目組成的測驗。

舉例來說，學校會有「如果想進入〇〇大學，請參加 A 級測驗，並在××科目與□□科目取得 A、在△△科目取得 B 的成績」這樣的指定。而只要能在必要科目取得必要的成績，並通過後續階段的面試及論文測驗，就可以進入就讀。

# 培養親密的親子關係

## 親子關係不好，還讀得下書嗎？

我曾經在某本男性週刊上，看過這樣的報導。

「應該和讚揚自己父母的女性交往。」

我認為這句話說得很妙，而這也可以適用於學習方面。

對孩子來說，父母是離他們最近的「大人」。如果討厭自己的父母，不覺得他們很有魅力，就會認為「大人」本身就是「令人厭惡的」。因此，當父母說：「為了將來長大以後能輕鬆一些，就要好好唸書」時，孩子就會反駁：「我根本不想當什麼大人」。而父母對於這樣的反駁也會無力勸說。

當然，也有像我這樣，因為不太喜歡父母，想要早點獨立而埋頭苦讀，最後有所成果的案例，但那只能說是幸運。鄰居對於這樣的狀況都會說：「幸好沒學壞」，但以我的狀況來說，我是因為連吃飽都有問題了，才會沒有時間變壞。

不論如何，良好的親子關係，不只會影響學習而已，也會對孩子的人格形成產生正面的影響。我想這一點不需要我再多做說明。總之，我們家也是一樣，育兒的基本方針就是最理所當然的「給孩子滿滿的愛」。

幸虧採取這樣的教育，我的一雙兒女在成長過程中都沒有出現嚴重的叛逆期，家人的感情也一直都很融洽。以我女兒來說，她現在已經19歲了，還是會坐到我的腿上來。但這並不是我主動喊她過來的，而是只要她有什麼話想對我說時，自然就會這麼做。

有外人在場時，我女兒依然很自然地坐到我腿上來，所以經常會令眾人感到驚訝。「真羨慕」、「怎麼能跟孩子這麼親呢」，經常會聽到大家這麼說。其實，我只是從他們出生起，就開始做理當該做的事而已。我認為正是因為不斷地付出理當付出的愛，才能建立擁有這樣親密關係的家庭。

## 女孩子就幫她綁頭髮，男孩子就幫他剪指甲

如果父母突然要求孩子「我們要親近一點」，孩子應該會拒絕。因此，必須從小時候起，就一點一滴地累積親密的親子關係。

「親密的親子關係」這個說法似乎有點誇大，其實只要不擺出父母的架子，和孩子一起愉快地過就可以了。不必擔心要和孩子說些什麼，或者為他們做些什麼，只要將父母的愛傳達給孩子，這樣就足夠了。

如果是小女孩，就在要出門上幼稚園之前，幫她綁頭髮。這是家中有女兒的家庭常會看到的景象。很可惜，在我們家這是妻子的工作，我無法參與，但現在回顧過往，我覺得這也具備重大的意義。因為綁一次頭髮至少需要好幾分鐘的時間，而這也會成為每天寶貴的閒聊時間。

而且，透過綁頭髮這個行為，會讓女孩子知道什麼叫做「變漂亮」。另外，由於這段時間內不可以亂動，因此，也能學會忍耐。只要忍耐就會變漂亮，因此，連年幼的小女生也會很努力。女孩子大概是從幼稚園起，就會對漂亮產生興趣了

吧！我女兒以前就經常撒嬌說：「如果不幫我綁麻花辮，我就不去幼稚園！」

至於兒子，可以幫他剪指甲，這是我這個做父親的工作。我並不是指剪指甲這件事很重要，而是包含剪指甲在內，我都很努力地在照顧孩子的生活。即使是這樣的親子關係也不要疏忽，要把這想成是孩子年幼時的寶貴時光，慈愛地照顧他們。由於我覺得量要大於質，因此，只要一有機會，我就會陪伴、照顧孩子。

**Point**

**和一次大型活動的接觸相比，十次小活動的接觸反而更有效果。**

現在之所以會覺得這樣的親子接觸很有價值，是因為從孩子出生到現在，我從不曾煩惱要跟他們聊些什麼，也沒有經歷過他們的叛逆期。

# 利用「外食」和「澡堂」，加深親子關係

## 外食勝過在家中用餐的三項優點

在我們家，每週固定一次外食，這也是為了加深親子關係。

「在家中用餐不是比較能培養親子關係嗎？」

這一點我並不否定。大家一起圍著餐桌，享受自己家中的料理，確實會產生緊密的聯繫感。但是，外食也有三項優點。因此，對我們家來說，外食具有很大的意義。

第一，每個人會被強制地聚集在一處。

如果是在自己家裡，總是會因為工作或家事，而出現「我先吃」的情況。有時候也會出現某人在說完「我吃飽了」，就先行離席外出的情況。但如果是外食，就可以確保從出門到回家的這段時間內，所有的家人都會聚在一起，圍著同一張餐桌。

第二，沒有其他事物會來打擾。

家裡充斥著會妨礙培養親子關係的事物。像是電話響了，或有非常想看的電視節目，以及突然按門鈴的宅配。如此一來，會讓難得的團圓時間大失其趣。

就這一點來說，餐廳裡並沒有電視、電話以及漫畫的干擾，大家能做的事，就只有聊天。這樣就能夠半強制性地進行談話。

即使沒有什麼重大的話題，在餐廳裡還是一定會聊天。大致上會從「你要吃什麼」、「吃哪一種口味」開始，然後說些「很好吃」、「那個給我一點」的話。即使是平常沉迷於電視節目，不太和父母聊天的孩子，只要到了餐廳，應該就不會這樣了。

第三，可以教導孩子禮儀。

在我們家，固定每個星期天都會帶孩子到餐廳吃早餐。在餐廳裡，放眼望去，常會看到不停吵鬧、大聲喧嘩或離開餐桌的小孩。由於是幼童，似乎也沒有辦法管。但是，如果看到會讓人覺得「都已經上小學了，還這樣……」的景象，就會覺得身為他們的父母是很丟臉的。其實，教導孩子在公共場所的行為舉止及餐桌禮儀是父母的責任，而外食就是一個教導的絕佳機會。

我認為如果連這種外食的錢都要省的話，就等於是在節省教育費。

**Point**

**如果覺得「外食」很浪費錢，**
**只要把它想成是「教育費」時「對孩子的投資」，**
**就比較容易把錢掏出來了。**

不過，也不需要到高級餐廳去。我們家最常去的是住家附近的家庭式餐廳。

我記得當時都點可以吃到飽加上無限續杯的咖啡或果汁的早餐組合，一個人的花費不到700日圓。主餐可以選日式或西式，由服務生送來。以這樣的價格可以吃到自己愛吃的料理，又可以和孩子聊天，就投資報酬率來說，相當划算。

## 孩子也適用的「裸裎相見」

為了加深親子關係，除了外食之外，我們家還經常到澡堂去。當時中野的住家附近，在步行5分鐘以內的範圍，就有三家澡堂，每逢星期六、日，我一定會帶孩子去。

之所以會帶孩子去澡堂，是因為那裡有許多親子接觸的機會。如果是在自家的浴室，最多也只會泡個30分鐘而已，而且，每天都要洗澡，所以一點也不稀奇。每次都是洗澡、洗頭、刷牙，這樣就結束了。但是，這麼難得的親子時間，不覺得這麼快結束是很可惜的事嗎？而就算想要和孩子好好聊聊，這麼短的時間內，根本無法聊些重要的事。但是，如果是在澡堂就不一樣了，除了時間比較長之外，孩子自己也很喜歡去。

再加上澡堂比自家的浴室寬敞、舒服，因此可以比平常更感到放鬆。就以區區幾百塊就能體驗到的奢侈來說，沒有比這更棒的了。

而且，和陌生人一起泡澡，裸裎相見，這對孩子來說，也很有趣。由於我家是小家庭，所以孩子沒有機會和爺爺、奶奶一起泡澡。現代社會小家庭越來越多，以後街上的澡堂會越來說少，這樣的經驗彌足珍貴。有一些父母自己沒有體驗過就說不喜歡澡堂，因此即使住家附近有澡堂，也不會帶孩子去。我覺得這樣真的是糟蹋了日本的澡堂文化，很可惜。

另外，可以享受泡澡以外的樂趣，這也是澡堂的優點。舉例來說，到櫃台買咖啡牛奶、果汁牛奶，然後在泡完澡後一口氣喝掉，這種美味是大人、小孩都無法抵擋的。然後接著下來，在更衣室看電視，等體溫降下來；而如果覺得身體太冷了，還可以再回到大浴池去泡。

在這段時間內，可以和孩子天南地北地閒聊，這一點真的很棒。雖然聊的內容都和平常沒什麼不同，不外乎在學校做了什麼、下個週末要做什麼等無關緊要的事，但由於有充分的時間，所以也可以看到孩子不一樣的一面。即使只有一個小時，只要能這樣過，就是一段非常有意義的親子時間。而這總是能讓我一掃工作的疲累，可以說是我最喜歡的時光。

說起來似乎有些感傷，父母能和孩子一起泡澡的時間，頂多不過到小學低年級或中年級這段時期而已。女孩子就更短了。而我就是在澡堂這個地方充分且徹底地享受這段寶貴的時間。不論是對我們身為父母的人或者孩子來說，我相信這都將成為永生難忘的甜美回憶。

# 如果不知道要聊什麼，那就參選家長會幹部

## 和孩子溝通的基本要件是「傾聽」

每當提起利用外食或澡堂等加深親子關係的話題時，有些父母就會吐露真心話，表示「我們根本就不知道要和孩子聊些什麼」。

針對這一點，我認為基本上，父母只要聽孩子說話就可以了。因為對象畢竟是孩子，大人和孩子之間的談話能夠成立才是一件怪事。

因此，不需配合孩子的話題，只要徹底扮演傾聽者的角色就可以了。我最常聽孩子提起的，還是一個禮拜中發生的事。像在學校學了什麼、玩些什麼、同學發生的事、運動的事、下次的考試、功文教室的事、我自己也喜歡的漫畫、電動等等。

和孩子聊天，要靠努力才會有收穫；特別是只能在週末陪伴孩子的父親，更是如此。如果沒有刻意聽孩子說話，孩子自然就會逐漸離你遠去。

## 當家長會幹部是了解孩子的最佳工具

除了家庭以外，孩子花最長時間停留的地方就是學校。因此，只要以學校為話題，自然就能進行親子對話。

基於這個目的，我會提醒自己參加學校的所有活動。就這點來說，我自信自己是比其他父母還要積極，而且從小學到國中，一直都持續這麼做。

一般來說，大部分的父母對學校的活動都抱持消極的態度。每年到了開學後的第一次班親會，一定會看見這樣的情景。導師籲請家長參與家長會或參選家長會的幹部，但家長們總是低頭不語。大家都不會主動舉手，而這沉默的空氣會一直持續到有人舉手為止。

在這種時候，會很開心地舉起手來的就只有我。當其他家長暗自祈禱「快點有人舉手吧……」時，我這個年輕父親就舉起手來了，所以大家都很訝異。

我從來不覺得這是一種麻煩，相反地，我確信沒有其他職務可以像這項職務一樣，只要付出一點點勞力，就可以獲得很大的好處。

雖然聲稱是幹部，但並不會指派什麼重要工作。頂多就是在園遊會、運動會之前，參與準備工作而已。連平日有工作的我都可以勝任了，可想而知，這個負擔對全職媽媽來說一定也不成問題。

**Point**

**美化委員之類的非主要幹部比較不好，既然要做，就要參選中樞幹部。**

積極參與學校活動的優點可以大致分為兩種。首先，你可以和導師建立良好的關係。如此一來，導師就會主動告訴我們孩子的在校情況。由於平常只有在教學參觀的時候，才有機會看到孩子在學校的情況，而且當父母到校參觀時，孩子通常也會比較守規矩，因此無法看到孩子的「真面目」。

但是，老師非常了解孩子真正的模樣。因此，如果想要知道無法從成績單判斷的或孩子在學校時的狀況，和老師建立良好關係是最快的捷徑。

另外，為了參加會議而到學校時，「夕己的爸爸來了哦」等等也會成為孩子之間的話題。而在不久之後，家長之間也會比較熟識，因此可以自然地收集到孩子平常都跟什麼樣的朋友玩之類的情報。

1個月頂多到學校一至兩次而已，就可以獲得這麼多情報，所以實在沒有理由不做。

還有另外一個優點就是，可以和孩子一起分享活動的樂趣。學校活動是最適合用來製造回憶的地方。只要想到那種樂趣，就會覺得花功夫到學校去是非常有價值的事。

孩子自己也會對父母參加學校活動的事感到開心。就我自己的狀況來說，由於我比其他家長年輕，而且又是父親，所以格外醒目。而這似乎令孩子很自傲。而也多虧了這樣做，才能體驗建立親密親子關係的最佳經驗。

希望今後學校方面在感歎沒有人要參選幹部前，可以先向家長說明有這樣的優點。

## 重視紀念日

想要持續地維持親子對話，也可以利用「紀念日」。所謂紀念日，就是每年會定期舉辦的，只屬於自己這個家庭的活動。「每年定期」的這種儀式，只要置入親子關係的相處模式中，即使平常不管孩子，也能自動地取得親子的溝通。

就現實狀況來說，孩子年紀越大，和父母接觸的時間就會越少。夕己在滿10歲時，就已經搬到英國的寄宿學校去了。而其他家庭也一樣，一定會發生類似的狀況。只要參加社團，就得等到晚上才能回家，另外，還得一大早出門參加練習。

不久之後，不論父母多麼努力，都無法如願建立親子關係了。正因為如此，我才會在情況還許可時，努力爭取更多家人聚集的時間。而其中最好的藉口當然就是紀念日了。

附帶一提，在我們家，光是家人的生日，就可以舉辦四次聚會，另外還有聖誕節、新年。前面所列的紀念日，或許每一個家庭都會慶祝。但是，結婚紀念日呢？大家經常忽視這一天，但我認為即使是對孩子來說，父母的結婚紀念日都是一個重要的日子。只要父母沒有結婚，就不會生下自己，由這個觀點來看，結婚紀念日不僅是夫妻的起點，也是孩子的原點。

因此，我希望大家能夠和孩子一起慶祝結婚紀念日，這是我衷心推薦的做法。如果以後到了銀婚或金婚時，還能和孩子一起慶祝結婚紀念日的話，不是一件令人開心的事嗎？

Point

**紀念日的數量沒有上限。**
**即使是藉口也OK，多訂一些「我家的紀念日」！**

# 孩子有想買的東西時，請他列出10個理由

## 物品和回憶一樣重要

以前日產汽車雪納瑞的電視廣告有一句標語是這樣的——「回憶比物品還重要」。這句話的意思是說：製造回憶比購物更能讓自己的人生變美好。而這句話令我感動萬分。

但是，如果要我說的話，我會說：「物品和回憶一樣重要。」

我們的願望會逐漸虛幻化，而回憶也無法長久保存。各位現在已經當父母了，請問大家還保存著多少小學時代的記憶呢？是不是在邁入30歲時，就幾乎已經遺忘了呢？

不論是多麼強烈的體驗，都會被歲月沖淡。在過去的生活裡，有苦有樂，而那些苦樂都會構築成現在的自己。但是，記憶就是這麼殘酷，真的會令人遺忘一切。

雖然是親子之間的重要回憶，還是會逐漸褪色。既然這樣，那起碼要讓時間延長一些。因此，我認為「物品和回憶一樣重要」。不論是漫畫或電玩，甚至是其他父母聽見後會皺眉的東西，我也會買給孩子。

在孩子自己想要的東西中，有很多都是父母認為不必要的。這種心情我也能體會。說到孩子想要的東西，全都是父母不懂得其價值的東西。「為什麼會想要這種東西呢」、「家裡不是已經有類似的了嗎」、「反正一下子就玩膩了」……在父母的眼中，孩子想要的東西全都是「不需要的」。

但是，父母最好不要抱著「我的人生經驗很豐富，既然我覺得不需要，就一定不需要」這種過度自信的想法。因為藉由買孩子想要的東西給他們，孩子或許會以超乎父母想像的方式來使用或玩樂。

以買兩個相同的東西為例。「之前不是買過一樣的了嗎！買不一樣的啦！」父母的判斷當然正確。但假設是買了兩個洋娃娃的話，孩子就會想出讓洋娃娃彼此對話，或者和朋友交換著玩，這種只有一個洋娃娃時無法進行的玩法。

**Point**

**孩子會想出和使用說明書上不同的玩法，**
**這正是孩子了不起的地方！**

雖然大人無法理解，但既然這樣會增加孩子的笑容，或者能刺激孩子的想像力，那麼即使是乍看之下不需要的東西，還是有購買的價值。

## 讓孩子交報告，想清楚是否真正想要

既然孩子想要，那就一定有確切的理由。像因為朋友都有，如果沒有相同的東西，就會遭排擠。姑且不批評這樣想法的好壞，但我們一定可以理解孩子非要不可的心情。

但是，那究竟是「真的想要」還是「誤以為想要」，父母必須幫孩子做出判斷。在孩子喜歡看的電視節目空檔所播放的廣告，都是些會刺激孩子想要擁有玩具的廣告。只要看過那些廣告，似乎很難抵抗那些誘惑。如果我是孩子的話，一定第一個投降。話雖如此，我們又不可能把廣告上的所有玩具都買回家。

因此，我們家就訂了一個規則，當孩子有什麼想買的東西時，就要寫報告，列出10個具體理由，探討「為什麼想要那個東西」。而只要孩子能夠列出10項我也能認同的理由，我就會買給他們。寫這份報告需要相當繁雜的作業，但孩子都很認真地在做。

然而，只要不是真正想要的東西，就無法列出10個理由。而當孩子列不出10個理由時，就可以說：「這不是你真正想要的東西，所以我不買。」因此，報告是一項非常有效的說服孩子的工具。

在寫報告的過程中，孩子也會領悟到「原來是因為很流行，我才會想要啊」

這就是我們家在孩子上小學之後所立下的規則。

# 有書房的家庭，很難看見孩子努力的過程

## 讚美孩子努力的過程勝於讚美結果

想要激發孩子的學習意願，讚美是很重要的。讚美這種行為是一股可以培養孩子學習習慣的強大力量。

不過，問題在於要如何讚美。在我們家，從未以「考試考１００分」這種強調結果的方式來讚美孩子。

考１００分當然是很了不起，那證明了孩子的努力。如果我因此讚美孩子，孩子應該都會很高興。但是，即使了解這一點，我還是不讚美。

我的理由是當我針對考１００分這個結果而讚美的話，那麼，一旦沒有優異的成績時，就不知該如何讚美了。老實說，所謂的結果有時是會受到運氣的影響，只要出了社會，不管是否願意，都會被迫進入「結果比努力重要」的環境。但這對孩子來說，還太早了。

對孩子的學習來說，努力的過程比結果還要重要。只要過程沒有問題，即使當下的分數很差，但總有一天會結出美麗的果實。

而且，當一個家庭養成讚美結果（也就是考試的成績）的習慣後，只要沒有考試就無法讚美，因此讚美的次數也會相對減少。如果讚美的是過程，那麼，不需等待考試的結果，每天都可以讚美孩子。因此，如果要引起孩子的學習意願，讚美過程的效果會遠比讚美結果還要有效。

Point

**如果讚美結果，讚美的機會就會減少。**

**因此，還是讚美過程吧！**

當孩子被稱讚很努力後，都會顯得非常開心。舉例來說，即使孩子的考試成績很差，我還是會說：「你昨天完成了十張作業耶，真厲害。」結果，孩子就會想要在明天繼續努力。而只要每天持續下去，當然就會達到每天唸書的目的。

而且，讚美過程也可以向孩子證明「我一直在看著你努力哦」、「我一直在關心你哦」。這對孩子來說也是件很開心的事。「爸爸非常了解我」的這種安心感與信賴感也會油然而生。

## 不需要書房

想要順利讚美過程，就必須事先創造一個環境，以便隨時確認孩子努力的模樣。但是，如果孩子在自己的房間讀書，就無法了解詳細的狀況。如此一來，就只能讚美結果了。

因此，在我們家，都是在家人聚集的客廳進行學習活動。而在孩子長大後，這個習慣還是一直持續著。

雖然家裡也有孩子專用的書房，但是，那裡只是放置課本或文具的地方，是孩子的寢室。至於實際讀書時，都是在父母的眼前。像我女兒在準備大學的入學考試時，也都是在我的工作桌旁。如此一來，就可以隨時掌握孩子努力的狀況。如果沒有事先建立這樣的環境，就很難讚美孩子努力的過程。有人問我：「孩子這樣能集中精神唸書嗎？」實際上，即使是我在看電視時，孩子還是可以絲毫不受影響地在我身旁唸書。

而且，「因為考試會場很吵鬧，無法集中精神，才沒考上，所以請取消落榜的結果」的這種道理在社會上是行不通的，所有父母應該都知道。「因為在客廳很吵，無法唸書」這種話同樣也很奇怪。

話說回來，一般的房子幾乎都是客廳的光線最好、最舒適、空間最大，相較於此，小孩房經常都是朝北的、又暗、又小、又冷的房間。

因此，即使沒有「可以看見過程」的動機，就學習環境來說，客廳還是比較好。

# 盡可能讓孩子多接觸「真品」

## 讓孩子接觸真品的魅力

在英國長大的妻子搬到東京後，經常說：

「東京看不到天空。」

因此，當我們一家人到高尾山時，妻子就會趁機享受真正的天空。

雖然當時從我們的住家也可以看見天空，但是，如果要看壯闊、充滿魅力的天空，還是得到高尾山。瞭望一望無際的穹蒼，孩子們不僅可以深切感受到地球這個大自然，也會對外太空的故事、飛機機長等等產生憧憬，甚至會夢想成為太空人。

前面已經數度提到給予孩子刺激的重要性，而且這種刺激是不需要花錢就能給的。但是，即使偶爾得花一些錢，還是要記住「給孩子看真品」這一點，是很重要的。

只要不認識真品，將來就無法分辨仿冒品。據說以前的當鋪老闆絕對不會讓自家的孩子看見仿冒品，而如果家中的孩子沒有「眼力」辨識出客人自稱為「鑽石」的玻璃時，就無法繼承家業。

這樣的情況也適用於教育。一般人長大後，不知不覺就會陷入一種迷思，認為「真品和仿冒品無法一眼辨認出，既然這樣，就買便宜、又容易買到的仿冒品」。但是，我認為真品還是有其獨特的魅力。雖然大家會覺得孩子什麼都不懂，但事實上並非如此。

小女曾經想要一個LV的皮夾當生日禮物。她上網查詢後，查到一個要價約1萬日圓。由於小女覺得大家都有，所以她也很想要。

但是，LV的皮夾不可能只賣1萬日圓，所以很明顯的那是仿冒品。於是，我告訴她說：「與其買那樣的仿冒品，還不如去買真品。」而我之所以會這樣說，一來是因為我不希望她的心那麼貧窮，因為一文不值的仿冒品就滿足了。再者，我希望她能具備辨識真品的眼光，並且因此開始受到較大的刺激。

小女考上國中時，我買了項鍊送她。那時候，我帶她到Tiffany去，讓她學習如何分辨玻璃項鍊和鑽石項鍊。我並不認為LV或Tiffany對就讀國中的小女來說，是過於奢侈的東西。因為這是她付出辛苦努力後的成果，所以她有權利獲得這樣的項鍊，而我自己也很開心能送給她這樣的禮物。

極端一點來說，我的想法是，只要有必要就算需要借錢，也要購買真品。如果一直捨不得錢，有時候就會出現不懂得「真品」的窘況。雖然昂貴的東西不見得全都是好的，但昂貴的東西也不會是差勁的。

## ❀給孩子看真品不等於花錢

有一點希望大家不要誤解的是，讓孩子接觸真品，並不會和花錢劃上等號。我自己也不喜歡把錢花在我自己不想要的東西上面。只要是喜歡的東西，花多少錢都願意，但如果不是，即使是便宜貨也無所謂。由於我對穿著不講究，所以平常幾乎都是穿UNIQLO（一間家喻戶曉的日本平價服飾品牌）的衣服。當然，我並不是指UNIQLO是廉價品，這只是一種修辭而已。

但是，如果是每週的外食，我就會偶爾奢侈一下，而這也是為了讓孩子品嚐真品。不過，我們不會花非常多錢，因為一個大人的預算在5千日圓左右的餐廳還蠻多的。在這個時候，可以讓孩子知道不遵守用餐禮儀是很可恥的，而且也可以讓他們注意穿著。

我家的孩子最喜歡的是飯店的自助式早餐。雖然只是孩子，還是會意識到這裡和經常去的家庭式餐廳不同，而且食物都很美味、豐盛，所以他們都很開心。由於當時我們住在中野，所以新宿一帶的飯店我們幾乎都去過了。自助式早餐不需要花太多錢，而且又可以體驗真品，所以我非常推薦。

有時候，我也會帶孩子到我常去的店。每個人都有自己喜歡去的店家，沒有理由不好好地加以利用。

這樣的做法出人意料的有趣。由於是熟悉的店家，就算有些放肆也沒關係，只要事先向老闆打聲招呼，詢問：「這個禮拜天，可以帶孩子來嗎？」老闆就會在當天用心地提供服務。

當一踏進店裡，老闆就會說：「我正在等你們呢。」而要離開時，老闆也會說：「謝謝光臨。」這樣就夠了。

這樣也可以讓孩子覺得「爸爸真厲害」。雖然只是簡單的演出，也是「真品」級的服務之一。

CHAPTER 2

# 「功文式學習‧親子共讀‧小提琴」讓孩子成爲天才

## 讓孩子具備「學力基礎」與「所有的可能性」

## 只要「數學」和「國語」好，什麼都學得好

在擴展孩子選項的同時，讓孩子具備選擇的能力也是父母的責任。因為不論要做什麼，都必須提升一般通用的基礎能力。

而在孩子的學力基礎中，首重數學和國語。簡單來說，所謂數學就是運用數字的能力，而國語就是運用語文的能力。

在我們一路走來後，所採用的就是功文式學習和親子共讀。只要實行這兩項，就不會在數學和國語的課程上遭受挫折，同時還可以進一步幫助自然科及社會科獲得良好的學習成果。如此一來，將來就可以隨著自己的意思進行選擇了。

另外，夕己每個禮拜要上一次小提琴課與足球課。前者是為了所謂的情操教育，後者的目的是要鍛鍊他的身心。此外，我們還有一個最重要的目的，那

就是「讓孩子增加一項藝術及運動的選擇」。在我們家，完全沒有一定要上大學，或者一定要進入一流企業的這種觀念。因為我認為有許多人都是因為在學校教育的主要科目以外的領域上發揮才能，才能活躍於這個社會。

另外，就選擇的意義來看，「語言」也很重要。因為這不僅可以增加可選擇的職業，還可以選擇工作場所甚至工作方式。

在這一章裡，將介紹我們夫妻是如何培養孩子的學力基礎，好讓孩子可以在將來追求所有的可能性。

# 從幼稚園開始教九九乘法

## 能運用九九乘法，就可以學好數學

在我們家，是由擅長理科的我來負責指導數學。

雖說是「指導數學」，但在上小學之前，我沒有使用過參考書之類的書籍來教導夕己。我們完全是以一種玩遊戲的方式，從九九乘法開始教起。

算術及數學的基礎可以說就是九九乘法。如果在九九乘法的階段沒學好，就完全無法理解小學以後的數學。不論是幾萬位的數字計算，最基本的還是九九乘法。

各個國家背誦九九乘法的方式不同，有些國家甚至會背誦二位數以上的乘法。

## 市售的九九乘法表

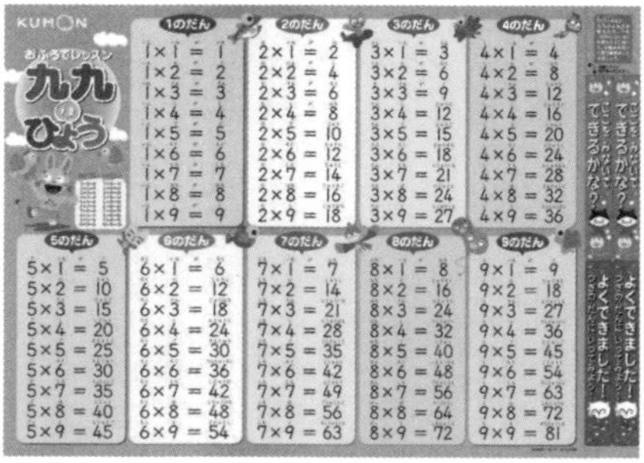


「在浴室背九九乘法表」（功文出版）

然而，總歸一句話，那都是以九九乘法的重要性為基礎。例如印度，就得學到99×99。儘管我們不必花那麼大的功夫學習，但還是越早學會越好。

那麼，我是如何讓年幼的夕己學習九九乘法的呢？其實這非常簡單，把購買雜誌時所附贈如日曆大小的九九乘法表貼在牆上就行了。不要覺得唸書好像都很困難，其實它和玩遊戲差不了多少，只要將表上的九九乘法全部唸一次給孩子聽就行了。

「幼稚園的小朋友有能力理解乘法嗎？」可能有人會提出這樣的疑問。但是，至少在開始的時候，是不必管孩子是否理解的。我覺得當初的夕己就和在玩接龍時的感覺一樣。「22得4」、「23得6」，與其說是理解乘法，不如說只是覺得唸起來好玩而已。

**Point**

**孩子可以記住神奇寶貝的名字，就可以記得住九九乘法。**

孩子不會意識到自己正在學算術。但是，那樣就夠了。只要能背誦，就不會在九九乘法這個數學的基礎上失敗。

市面上有很多九九乘法表，可以多比較幾種後再購買回家。

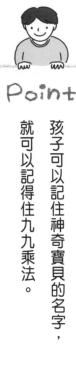

## 培養孩子對數字的概念

對數字概念強，這不論是對課業的學習，或者是將來出社會後，都是非常有利的優勢。而且不論父母對數字概念是強還是弱，有很多種做法都可以培養孩子對數字的概念。

舉例來說，假設父母手上有3顆糖果。

「如果給你一個，還剩下幾個？」

「只要你答對了，就把剩下的也給你哦！」

因為像是在玩遊戲，所以孩子也就會很開心地思考。

購物也是學數字的大好機會。當孩子有想買的東西時，如果只是說「那就放到購物籃吧」，就太可惜了。因為這樣就等於將孩子對數字產生概念的機會丟到水溝裡去一樣。

在我們家，如果遇到這樣的情況，通常會讓孩子到和父母不同的收銀台排隊結帳。而且，我們會給孩子比所買的東西稍微多一些的錢。假設當孩子要買50日圓的零食時，我們不會只給孩子50日圓，而會給100日圓，並問：

「等一下要找多少錢？如果答對了，錢就給你。」

因此，這段排隊等候結帳的時間，就會迅速轉換為最棒的算術課。

當孩子說想去買遠足的零食，需要約300日圓時，我就會給他1000日圓。姑且不論要不要將找回來的700日圓給他，但至少可以培養孩子「必須將700日圓拿回來」的這種責任感。

如果替孩子想得太周到，想要避免孩子在選購時舉棋不定，而給他剛好足夠的金額，反而會剝奪掉這樣的學習機會。

# 功文式學習優於補習班的三大理由

## 一張紙20題的反覆練習，形成絕妙的節奏

在進入牛津大學前，高中老師對夕己說：

「不論是文學院或數學院，兩種都可以選擇。」

後來夕己選擇數學，並以名列前百分之五的優異成績畢業。而如果要問培養他的數學能力的淵源，就是剛才所說的「很早就教他的九九乘法」與「日常生活中的數學能力訓練」，以及最重要的功文式學習了。

夕己一上小學，就開始參加功文教室。從眾多補習班中，我選擇了功文教室。基於幾個理由，我認為功文式學習是可以養成學習習慣的最佳工具。於是，

從小學1年級到5年級，夕己都一直在功文教室寫作業。

我之所以認為功文式學習很好，最主要的原因是在於功文式學習貫徹了反覆學習的做法。

今天要寫幾張作業、明天要寫幾張，就是像這樣專注於解題。功文教室的老師只會提供建議。回家作業也是採用「回家要寫○張作業」的方式。而且，由於那些題目都採用漸進式的練習，因此，在解題的過程中，學習進度就會一直往前推進。

教育的本質在於反覆學習。不論是多麼不擅長的科目，只要一直重複練習，就能學會。基本上，「不管怎麼努力都學不會」的這種情況是不可能的。

因此，如何讓孩子反覆學習，就要靠方法了，而功文式學習可以說很順利地解決了這個問題。功文式學習讓孩子不斷地寫作業解題，這種方式可以輕易地讓孩子獲得「成就感」。使用A5的小尺寸紙張，如果是小學低年級程度的題目，一張的題目大約是20題。而這些題目的設計，會讓人有頓悟的感覺。

以我來說，我只有在最初的時候，覺得這樣很浪費紙張，但這種形式確實產生出它的獨特效果。正面10題，背面10題，在重複寫了數張之後，就會產生一種絕佳的節奏。而且，由於只有20題而已，所以可以很快地完成，也可以獲得立即的成就感。這種快樂就像是在玩遊戲一樣。

功文式學習和一般的補習班完全不同，一般的補習班只是讓孩子每天寫幾頁參考書，然後聽老師上課而已。可以像遊戲一樣反覆學習這一點來說，我認為沒有其他方式可以超越功文式學習了。

**Point**

**讓孩子唸書的秘訣不是「去做幾小時」，而是「去做幾張」。完成作業會讓孩子產生一種快感。**

關於這個「遊戲化」的問題，將在第3章內容當中仔細說明。總而言之，必須讓孩子認為「學習是愉快的」。少了這一點，年幼的孩子根本不會主動唸書，

更別說要養成他們每天看書的習慣了。不過，如果是功文式學習，就可以輕易辦到。

另外，在功文式學習的系統中，只要結束一個固定範圍的學習後，就會舉行測驗。我也利用這種測驗來將學習遊戲化，並激發孩子的學習意願。而我採用的方式是訂定一個獎勵制度，只要孩子在這個測驗中拿到100分，我就會給50塊零用錢。

這個制度發揮了卓越的效果。夕己為了零用錢，對學習越來越感到興趣。不知道他是不是真的喜歡學習，但是，對我來說，夕己的學習程度不斷地往前推進是我求之不得的事。而對夕己自己來說，只要考100分就可以得到零用錢，可以購買他想要的玩具或零食，所以他也很開心。

藉由遊戲化的方式，讓任何人都可以輕易地進行學習中最重要的反覆學習，這就是功文式學習的神奇力量。我和夕己自己都確信就是這種功文式學習提升了他的數學能力。

## 可以以自己的步調進行，這也是功文式學習的魅力

我選擇功文式學習的第二項理由是：孩子可以以自己的步調學習。

說到功文式學習，大家都知道他們是配合孩子的程度來使用教材。不是所有的孩子都要以相同的步調學習，這一點和學校的學習就有很大的不同。

在必須配合其他人步調的狀況下，就比較無法期待能獲得顯著的進步。就這一點來說，功文式學習可以讓孩子利用簡單的題目確實打穩基礎後，再不停地往前學習。只要有實力，就可以遙遙領先學校正在教授的內容。

為了盡可能提升夕己的可能性，我認為與其讓他去上其他的補習班，不如讓他寫功文式的教材。另外，夕己在感覺到自己的實力不斷地提升之後，產生了更

高的學習意願。或許是這個緣故，當夕己在家裡寫作業時，從沒有露出厭惡的表情，而是「因為很有趣」而學習。這是我從學習中的夕己身上所看見的景象。

選擇功文式學習的最後一項理由是：功文教室就在住家附近。這不是開玩笑，而是一個很重要的決定因素。

光是在日本，就有1萬7千400家功文教室。由於到處都有，因此夕己所上的功文教室也離我家很近，只隔四間房子而已。走路過去只要十幾秒就到了。

離家近也是一大優點。如果補習班很遠，就要浪費時間通學，而如果要浪費時間通學，還不如把那段時間拿來唸書或遊戲。

孩子的時間也是很寶貴的。夕己之所以能夠幾乎每天和朋友一起玩，有很大的原因就在於上功文教室可以讓他節省很多時間。

Point

既然有「公司要離家近」的觀念，
也應該要有「學校要離家近」的觀念。

# 10歲前，都在睡前為孩子說床邊故事

## 國語不好，就無法出人頭地

這是發生在夕己唸小學1年級時的事。在和導師第一次面談時，導師說：「田中先生，你的兒子很厲害耶。」我問他原因後，得到的回答是：「他吃午餐的速度很快。」那位導師的教學資歷已經超過30年，他似乎是以他的經驗法則來判斷這樣的孩子將來一定會出人頭地。

當時聽到導師說這句話，我感到很意外，但也覺得很有意思。後來，他又接著說了這樣的話：

「他很會朗讀，這也是會成功的孩子的共通點哦！」

看樣子，夕己應該是能夠投入感情地發聲讀書吧！悲傷的文章就悲傷地讀出來，快樂的文章就快樂地讀出來。聽說這是小學1年級的孩子很難做到的。

關於這一點，我自己倒是心裡有數。因為我認為國語和數學一樣，都是學力的基礎；因此，在夕己上小學之前，我就一直在訓練他的閱讀能力。

閱讀能力在教育上是非常重要的要素。不論我們平常眼睛所看、所吸收的知識是採用哪一種形式，在追本溯源之後，全部都是文字資訊。電影、書籍是如此，電視、網路、收音機和日常對話也都是如此。因此，只要不具備閱讀能力，就無法掌握所獲得的文字資訊代表的是什麼意思。如此一來，會使「學習」本身變成一件困難的事。

由此來看，我們可以說「學習能力＝閱讀能力」。而這正是我之所以認為國語為學力基礎的理由。

另外，所謂閱讀能力也包含「了解對方想要表達的意思」的能力。不論是寫在紙上的文章、或者是對話，都會有一個敘述者。想要理解文章，必須清楚感覺出敘述者的模樣，並以同理心去感受他的想法與心情。

而夕己之所以能夠「投入感情朗讀」，就是因為他有能力「了解對方想表達的意思」。對夕己來說，文章不只是單純的文字排列而已，還傳達出了敘述者的想法、觀念以及非常鮮活的內容。

這樣的能力在出社會後，也會很有幫助。因為那可以使人「了解別人的心情」。而導師所指的「夕己會出人頭地」，大概也是指這一點吧！「了解對方心情」的能力，是建立人際關係的基礎。了解對方想表達的事，並確實應對；觀察現場的氣氛；集合許多人，完成一件大工程等等，這些全部都需要「了解對方的心情」才能辦得到。

**Point**

**擅長閱讀文章的孩子，也擅長觀察別人的心情和周遭的氣氛。**

## 每天晚上30分鐘的親子共讀

那麼，夕己是如何培養國語能力的呢？事實上，他自己什麼也沒有做，付出努力的是妻子。妻子從夕己還不太懂事的時候就開始，每晚陪夕己上床，並讀30分鐘的「床邊故事」給他聽。

剛開始是讀繪本，因為即使是還聽不懂話的孩子，一樣可以欣賞繪本。父母可以從只畫有大圖案的交通工具、動物、建築物這類的繪本開始讀起。還在英國時，當地很受歡迎的《奇先生妙小姐》（Mr. Men & Little Miss）系列就是夕己的最愛。

除此之外，在我們家，《郵差叔叔派特》及《湯瑪士小火車》等人氣繪本也是一應俱全。妻子幾乎每晚都會讀這些書給夕己聽。

孩子真的是很有意思，只要愛上了，就百讀不厭。即使已經記住每一字每一句，還是嫌不夠，而要等到全部記住後，似乎也可以自己讀了。不過，夕己還是喜歡妻子讀給他聽，只要有一天不讀，他就不睡覺。最後，妻子就一直讀到夕己

10歲，上寄宿學校就讀之前。

## 孩子長大後，繼續讀書給他聽的意義

我有一位朋友是電影導演。他偶爾會播放未完成的電影毛片給我看，而那真的是很無聊。為了朋友的名譽，我要先聲明，這並不表示他沒有才能。而是因為那樣的影片既缺乏音響效果也沒有電腦動畫，因此對我這種看慣了完成品的一般觀眾來說，這樣的影像一點意思也沒有。

雖然故事和出場人物一樣，但只要少了音效或剪接的處理，結果就會大打折扣。而這一點和床邊故事也有很大的關連。

如果是用耳朵聽故事，一定會在腦海中進行將故事影像化的作業。而這在引導孩子的想像力方面，是很有效的。孩子如果缺少了這種將文字情報轉換為生動活潑影像的能力，將無法產生豐富的情感。

但是，年幼的孩子所知有限，沒有那樣豐富的想像能力。因此，如果只是讀一般書給他們聽，他們只會看到枯燥乏味的文字排列。如果以電影來比喻，孩子

所看到的作品就像我所看過未完成的電影一樣，一點都不好玩。

因此，在孩子自己有能力將文字資訊轉換為影像或聲音之前，父母必須給孩子看範本，這就是我們家的觀念。因此，即使已經到了小學高年級，讀床邊故事對我們來說還是很重要的事。

學校的老師一般只會注意孩子的讀音是否正確、有沒有唸錯而已，比較不會關心孩子朗讀時的情感表達。而正因為如此，父母才更需要付出心血。

如果持續這樣做，孩子不僅可以確實理解文字或語言所代表的訊息，時而會傳達出豐富的感情或了解別人話裡的真正含意，甚至連想像力也會變得更為豐富。

不過，夕己之所以那麼喜歡妻子讀床邊故事給他聽，其實，還有另一個理由。因為只有在這個時候，他才可以獨佔母親，盡情享受母愛的親密感受。這也是床邊故事的另一大效用。總之，就算每天只有5分鐘也好，請務必要說床邊故事給孩子聽。

**Point**

說床邊故事時，父母要化身為演員、音效人員、配音員或者配樂人員。

# 英語只要先背單字就夠了

## 家中貼滿便條紙

由於妻子是英國人，所以我們家處在有利於外語教育的環境。平時妻子和孩子以英語交談，我對妻子和孩子則以日語交談。因此，兩種語言會很自然地交雜出現在我們家。

雖然這樣的狀況很難成為一般家庭的參考，但我想以我自修學習英語的經驗為基礎，來談談有關英語的學習。

以我的想法來說，我認為英語學習中最重要的就是「如何背單字」。因為不論是多麼長的文章，都是由單字開始組合而成的。接下來，只要整理成固定的句型就可以了。而這個步驟，也必須是懂單字才行。

在網路世界，可以說是只要懂英語，可以獲得的資訊量就可以成長至30倍。而且上網時就算不會說、聽不懂，基本上也不會有問題。只要看得懂單字，就可以取得世界各地的資訊。因此，在外語學習中，單字就是這麼的重要。

因此，首先可以從容易背的名詞開始背起。光是這樣做，就可以讓未來正式的英語學習更為輕鬆。

在我們家也是一樣，可是費了好大一番功夫來幫助孩子增加應該學會的英語詞彙的。

我們的做法是先購買一些稍大的便條紙，並在上面寫上英語單字。接著就將這些便條紙貼滿家中的所有物品。「**television**」、「**clock**」、「**desk**」、「**chair**」等，總之，就是將觸目所及的物品全都貼上。接下來，就會不著痕跡地問孩子「這個用英語怎麼說」，並讓孩子回答。這麼一來，就可以用好像在玩遊戲的感覺當中將所有的單字都背起來。

## 語言教育的基礎在於「聽」

我認為語言學習的重點在於「習慣」。

舉例來說，只要持續收聽英語廣播3個月就會發現，在剛開始時完全聽不懂，那些快速說出的句子聽起來只是一串串連在一起的聲音，連單字都區分不出來。有許多人會因此而放棄，並認為自己「還是不行」，其實這時候應該要忍耐才對。

等忍耐過一段時間之後，原先一串串連在一起的聲音聽起來就會不一樣了。而再過不久，單字就會進入耳朵裡，耳朵也會隱約聽出內容。這就是學習的第一步。只要能聽出單字，就可以查字典，而等查完字典後，就能了解文章的意思。只要走到這一步，對於自己的英語程度不好的想法，我認為應該會有所減輕。

這樣的英語學習首先需要的是「習慣」。更何況孩子的吸收能力和大人有懸殊的差異，他們的效果會更為明顯。因此，創造一個可以熟悉英語的環境，就是父母在孩子的英語教育上的責任。

而這和父母會不會說英語完全沒有關係。

以我自己為例，我以前也很怕英語。雖然曾經在英國工作，但因為沒有基礎的英語能力，所以吃了很多苦。但即便是這樣，我還不是一路都撐過來了嗎？

即使只是播放人氣英語卡通「芝麻街」給孩子看也可以。除此之外，妻子剛在日本成立英語教室時所說的一句話也很重要，那就是「父母也要和孩子一起快樂學習」。如果只是孩子在學，就一點也不好玩，所以根本就記不住。因此，至少要以大人也一起學的心情來面對。

附帶一提，現在似乎有很多父母會在孩子還幼小時，就讓他們去上英語學校，對於這樣是否有效果，我是抱持著存疑的態度。雖然花了那麼多錢，但有許多老師的程度都是馬馬虎虎而已。

因此，既然要花錢，還不如讓孩子專心背單字，或聽 **AFN** 美軍電台（**American Forces Network**）還比較能夠學會英語。（編者註：台灣可收聽 **ICRT** 社區廣播電台，為英語廣播的電台）

# 不要讓街上充斥的學習機會溜走

## 學認字的「招牌遊戲」

說到建立學力的基礎，或許有很多人都會聯想到伏案苦讀的情景，但事實上並不是如此。

反而應該去思考在日常生活中，是否有任何學習的機會，並在假裝沒事的閒聊當中，將孩子引導到學習的遊戲上。只要反覆這樣做，就可以建立起學力的基礎。

接下來將介紹我們家為了建構學力基礎玩的小遊戲。

首先是國語的部分。不論是教詞彙或是認字，都以遊戲的方式進行，這就是我們家的做法。

說到詞彙遊戲，最具代表性的就是「接龍」，但由於接龍會受限於自己懂的詞彙數量，無法發展為學習新詞彙的遊戲。

因此，我發明了一種「招牌遊戲」。如字面所示，這是一種在塞車時讀出路上招牌文字的遊戲。雖然很簡單，但關鍵在於孩子只要有不會讀的字，就會問「那個字怎麼唸？」

不過，如果父母只是回答「你要多學一些國字」，孩子就不會想要學了。因此，請試著對孩子說一次「你唸唸看招牌上的字」。孩子一定會覺得很有趣而不停地唸下去。這時候，如果有唸不出的字，孩子就會覺得很懊惱並反問父母。反覆這樣的練習後，就會呈現出卓越的效果。

其實這只是一種動物本能，孩子都有好奇心，本來就會對陌生的事物產生興趣，並想要知道那是什麼。

不只是招牌，只要是眼前看到的文字，什麼都可以讀。連乍見之下很難的字，孩子也能以驚人的速度記下來。對孩子來說，複雜的字不過是一個圖像而已，不會去理會筆順或意思，就直接以一個圖像的樣子記住了。

不久之後，孩子就會發現文字是很有趣的。例如，「花」這個字的部首是「艸」，而當他看過很多其他「艸」部的字時，就會啟動想像力，覺得「這個字是不是和花很像？」

國字就像一種猜謎遊戲，讓孩子發現國字的趣味是很重要的。這比在一開始就向孩子說明「艸部就是……」，還要來具有學習效果。

另外，雖然我們不玩一般的接龍，但我們會玩一種「國字接龍」。

「請說出有『通』的詞彙。」

「交通、通車、通路、通訊簿……。」

就是以這樣的方式出題目給孩子回答。而這也可以應用在英語單字的學習上面。

「在你眼前的東西，有什麼是以C開頭的？」

「Car、Cat……。」

「還有一個哦，你知道是什麼嗎？」

這當然也可以用在數學上。例如，指著附近的車子問：

「把那個車牌上的數字全部加起來是多少？」

「不管是用加的、減的都可以，怎麼樣才能把那串數字變成10？」

由於我們每次都會這樣做，因此在我們家，從來沒有遇過在車內無話可說，或者因為塞車而感到無聊的狀況。

# 為什麼要學小提琴和足球？

## 豐富心靈的「鈴木教學法」課程

夕己大約是從5歲起，便跟著妻子學小提琴。雖然品格教育也是我的一項目標，但還是要歸因於妻子的強烈影響。因為妻子出身於音樂世家，她是管弦樂團的打擊樂手，而小姨子是豎琴手，祖母是小提琴手。

至於我呢，對於音樂是個完全的門外漢，但因妻子的關係，家裡全都是定音鼓等打擊樂器。也因為如此，我們家一直處在一個可以沉浸於古典樂的環境之中。

每天晚上7點半開始，由妻子負責30分鐘的個人指導課程，而每個禮拜三，則接受「鈴木教學法」的課程。這也是妻子的提議。

鈴木教學法是一種非常獨特的音樂教育。在此簡單介紹一下。

這種教學法的特點在於將重點放在豐富心靈，而非音樂學習。舉例來說，他們並不使用樂譜。因為他們認為，如果要享受音樂，有比學習看樂譜還要簡單、重要的事。因此，鈴木教學法將課程的困難度大為降低，從如何拿樂器、如何拿著樂器走路開始學起。練習曲也很獨特。他們不是一步步地學習困難的曲子，而是徹底反覆練習「小星星」這類簡單的曲子。

這樣的方式讓所有孩子都可以逐漸進步，因此孩子都會越學越開心，也越來越有自信。而在開始上課後不到1年的時間，甚至還可以參加在日本武道館舉辦的音樂會。夕己也是如此，在不知不覺中就變成是以享受的心情在拉小提琴。

另外，沒有在一開始就將小提琴和古典樂劃上等號或許也是一件不錯的事。像在妻子負責的課程裡，就是用小提琴來演奏卡通的主題曲，例如「小叮噹」和印象深刻的電視廣告等。或許是這樣讓夕己了解到「可以用小提琴做很多事」，從此，他開始對小提琴產生興趣。

對還不具備演奏技巧，也還不了解音樂樂趣的孩子來說，從「讓孩子產生興趣」的做法開始是很好的方式。

## 讓孩子自己想學小提琴，這也要靠父母的手腕

「我想學小提琴」這當然不是夕己主動提出的，甚至他在最初時，還很不願意學。不過，這也難怪，因為一個才5歲的孩子，當然會想要和其他小朋友一起出去玩。

因此，雖說鈴木教學法很好，但對才剛開始學小提琴不久的夕己來說，根本不可能了解什麼叫做音樂的樂趣。

於是，妻子開始思索應該如何做。

最後，妻子決定在每個禮拜三上完課後，都準備獎勵品給夕己。而那項禮物就是到咖啡廳吃巧克力聖代。雖然只是巧克力聖代，但在孩子的眼中，這已經是大餐了。於是，就形成了「練習小提琴↓可以吃聖代↓因為想吃聖代，所以練習」這樣的思考迴路。而從第一次這樣做之後，夕己從此不再討厭上課。

另外，還有一個方法可以讓孩子喜歡小提琴，那就是無論如何，都要讓孩子

覺得會拉小提琴是「很帥的」。特別是男孩子，只要讓他覺得自己很帥，就是父母的勝利了。

會為了帥而不惜付出努力的人就是男孩子。以夕己來說，我們會讓他坐在音樂會的第一排欣賞母親敲擊打擊樂與祖母演奏小提琴時的迷人姿態。這和第1章所提的「讓孩子接觸真品」也有異曲同工之妙。只要看見真正的演奏家動人的姿態，自然就會湧上一股「我也想試試看」的心理。

雖然，我和妻子不同，完全不懂音樂，不過，讚美這點小事我還做得到。「變厲害了哦！」「好帥喔！」光是這樣做，就足以為夕己的學習意願產生推波助瀾的效果。

## 可以是運動白癡，但不可以討厭運動

1993年日本職業足球聯盟J聯盟開幕時，我和當時8歲的夕己一起去看「川崎綠鷹」對「橫濱馬利諾斯」的開幕賽。當時的J聯盟門票還是很難買到的白金票，但由於很想讓夕己看看真正的足球，所以就很費了一番功夫去購買。

夕己從小就開始看足球，或許也是因為他出生於英國吧！後來進溫徹斯特學院後，還是繼續踢足球，甚至遠征歐洲各國。因此有一段時期，我甚至以為「這孩子以後可能想當職業足球選手吧？」

雖然夕己是主動提出要踢足球的，但即使他沒說，我也是打算和學小提琴一樣，讓他學某一種運動。因為基於擴展未來選項的心願，我還是希望他能好好地鍛鍊身心。

還有另外一項原因。我自己在學生時代，就是田徑隊的選手，而基於我自己的經驗，我認為從小養成運動習慣對於踏入社會之後是很有幫助的。

人可以大致分為「書呆子」（不擅長運動）、「文武雙全」、「運動全能」（不擅長唸書）等三類。在上大學之前，比較有利的是前面兩種人；出社會後依然能夠活躍的，就是後面兩種人了。

有運動習慣的人不僅可以鍛鍊身心，也能夠順利適應人際關係或上下的階級關係。這對社會人來說，是很重要的技能。

Column

## 拉丁語與外語

我們家和其他家庭相較，可以進入牛津大學的最有利主因就是拉丁語。由於妻子曾經修習過拉丁語，所以形成一大優勢。

拉丁語是日本人不熟悉的語言，即使在歐洲，也是日常生活中不會使用的非實用性語言。但由於對英國的上流階級來說，拉丁語是屬於一種教養，所以很受到重視。因此，在私立學校，只要滿 5 歲，就會先學習拉丁語，接著才是法語。在寄宿學校（boarding school）也必須學拉丁語。另外，如果要進水準高的學校，也必須會拉丁語。聽説牛津大學在開學典禮和畢業典禮上的致詞都是使用拉丁語。

雖然這不是實用性的語言，但學習拉丁語的意義超越單純的教養。由於英語、法語、德語、義大利語、西班牙語、葡萄牙語等都是由拉丁語衍生出來的語言，亦即拉丁語是歐洲各種語言的語源；因此，學習拉丁語會幫助大家更容易去學習各種語言。換句話説，只要學會拉丁語，就具備了運用 2、3 種外語的素養。

Point

**不論要走文科或理科，體育素養都有幫助！**

這和孩子是不是運動白癡沒有多大的關係。如果跑得很慢，就選擇不需要出力的運動；如果對力氣沒有自信，就選擇需要集中注意力的運動；而如果對每一樣運動都不拿手，那麼，只要喜歡運動就夠了。

在學生時代的社團活動中，也不是每一位選手都以成為職業選手為目標。只要不覺得和隊友一起流汗很辛苦，那麼，不論是拿手或不拿手，都可以因而學習到更多的東西。

說這是運動似乎有點太狂妄，不過，在雨天時，我們會在家裡利用很小的空間玩一種「氣球排球」的遊戲。雖然不是什麼了不起的遊戲，但還是能開心地玩得滿身大汗。即使不會發球、拋球或攻擊也無所謂，能否在這個時候說出「我也要玩」、「我也想玩」，才是最重要的。

## 歡迎「因為朋友都在學，所以我也想學」的想法

不論是運動或藝術，只要有興趣，什麼都可以讓孩子試試看。舉例來說，女孩子最喜歡的是鋼琴和芭蕾舞，「因為〇〇在學，所以我也要學」這樣的理由是可以接受的。有些父母似乎會認為「你沒有必要學吧」而無法接受，但如果是我，一定會毫不猶豫地說：「那你就去試試看吧！」

父母沒有權利以「你沒有必要學」的說法，來剝奪孩子的學習機會。雖然我偶爾也會覺得「反正很快就不想學了」，但還是要等孩子真的不想學了之後，再讓他放棄。因為我認為不需要在孩子難得產生學習欲望時去阻止他。

我認為，音樂和運動都是一種孩子未來可能的「選擇」。

CHAPTER 3

# 讓學習遊戲化

## 「和讀書成為好朋友」與「讓孩子擅長讀書」的方法

## 只要記得住神奇寶貝，也能記住英文單字

在前面第2章內容當中介紹的是夕己學習的「內容」，第3章則要來談談「我們是如何讓夕己喜歡讀書的」。為了讓夕己喜歡讀書，我想出了某種方法。

首先要向大家說明一件事，原則上，有半數以上的孩子都是討厭讀書的。這和成績好不好沒有關係。

不能和朋友玩、不能打電動，只能默默地坐在書桌前看書。像這樣期待好動的孩子這樣做，反而是一件奇怪的事。

夕己也一樣，他並不是從一開始就喜歡讀書的。如果放牛吃草，他可能也會變成一個只曉得玩的孩子。

不過，夕己還是在後來，逐漸成長為一個願意主動讀書的孩子。如果大家要問我是怎麼辦到的，那是因為我花了一點心思，幫他把「討厭的學習」轉換為

「想學習的欲望」。

而這個方法就是——「學習遊戲化」。

這句話就可以完全解釋我所做的一切。

沒有一個孩子討厭玩遊戲。因此，只要讓遊戲與學習的界限模糊到完全看不出來，就可以讓所有的孩子都快樂地學習了。

本章將介紹我們家一路實行下來的「將學習遊戲化」的方法。

# 學習為什麼需要「遊戲化」？

## 超過半數的孩子「討厭讀書」

請先聽我介紹我自己從零開始發展至「遊戲化」這個關鍵字的過程。

說到我們大人對孩子的口頭禪，不外乎就是「去看書」、「去寫作業」。這不論是在哪一個年代都一樣，大家以前應該也經常被父母斥責「快去看書」吧！

請回想一下，當時各位有乖乖地坐到書桌前嗎？應該只有極少數的人會照辦吧！

我自己也是如此，當時完全無法理解為什麼父母要那麼嘮叨。明明有更多其他好玩的事，為什麼一定要讓自己那麼痛苦呢？

當然，在自己長大成人後，就徹底瞭解了。自從出社會工作、結婚、生子後，就開始出現「如果以前多讀點書，或許就會有不一樣的人生」的想法。而這種想法是不論你是否對目前的人生感到滿意，都一樣會浮現。甚至還會隱約浮現類似後悔的念頭，深感「說不定以前還有其他更多的選擇」。

父母之所以會對孩子說「快去讀書」，就是從那種心情轉換而來的吧！父母會將自己在人生中沒有完成的事寄託在孩子身上，而這同時也是一種疼愛孩子的心情，希望孩子能夠走上一條勝過自己的、更好的道路。

但是，父母這種疼愛的心情不會獲得回報，而孩子的反應也會和我們自己小時候的反應如出一轍。不論怎麼說教，要孩子「快去看書」，孩子還是動也不動一下。不僅如此，有時甚至會離讀書越來越遠。

越常要求孩子「去讀書」，孩子就會越討厭讀書，這真是一件諷刺的事。

那麼，為什麼會這樣呢？這恐怕和我們小時候不讀書的理由是一樣的。因為我們不瞭解為什麼一定得讀書。

那麼，是不是由父母仔細說明「讀書是很重要的」就夠了呢？事實上，這也無濟於事。幼小的孩子怎麼會有「因為重要，所以讀書」的想法呢？

另外，有人認為可以向孩子解釋：「大人的工作是賺錢，小孩子的工作就是讀書」，但我認為這會產生反效果。「讀書和工作是一樣的」，這一句話會讓人聽出「工作很辛苦，可是不做不行」的含意。

讓孩子知道父母工作很辛苦，這對孩子來說並不是一件好事，而讓孩子產生一種「讀書＝辛苦」的刻板印象更是危險。如此一來，孩子會認為父母硬要勉強他們去做辛苦的事，也就難免會產生反抗的行為了。

實際上，根據「公文兒童研究所」和《朝日新聞社》共同進行的2002年調查結果顯示，針對「讀書有趣嗎？」的這個問題，有55．7％的孩子回答「不太喜歡」、「不喜歡」。

總之，父母越責罵孩子，要他們「快去看書」，孩子就越不愛讀書。而這也一樣是所有孩子共通的大原則吧！

## 大家都討厭讀書，但其實大家都能把書讀好

不過，孩子真的是很有意思。雖然討厭讀書，但並非「學習能力」很差。否則，怎麼能夠記得住一大串「神奇寶貝」的名字。幾百種連大人都覺得繞舌的神奇寶貝的名字，竟然能夠記得住，孩子的記憶力就是這麼好。而且，還不必寫到筆記本上背誦，非常自然地就記住了。特別是「學習能力」，甚至讓人懷疑已經超越大人了。

學校的課業學不來，卻可以記住一大串神奇寶貝的名字。這真的是很不可思議，但這一項事實當中也隱藏著可以培養「把書讀好的孩子」的重點。

這讓我領悟到，所有小孩都會覺得好玩的東西就是「遊戲」。那麼，只要讓學習變成像玩遊戲那樣，就算家長不命令孩子「去看書」，孩子也會自主地產生「想看書」的想法。沒錯，就是這樣！

CHAPTER 3 讓學習遊戲化

# 讓學習遊戲化①

## 設定眼前的目標

### 為什麼重複同一種遊戲覺得有趣，而重複學習卻覺得痛苦呢？

總歸一句話，學習的本質在於反覆學習。如果不反覆學習，就不會進步。甚至可以說，只要徹底執行反覆學習，相對的也會有優秀成績。

國字只看一次無法記住，但是如果在筆記本上寫好幾次，就一定能夠記得住。歷史年號也是一樣。「1192鎌倉幕府建立好國家」（日語「1192」的發音和「好國家」同）、「1492熱情燃燒哥倫布」（日語「1492」的發音和「熱情」同），像這樣想一些相關描述或諧音來幫助記憶；或者製作單字簿，有空時就翻閱。這些全部都是要藉由反覆學習來獲取學習成效的學習方式。

即是運動也可以歸功於反覆練習。例如美國職棒大聯盟的日籍球星鈴木一郎和松井秀喜，他們不知道重複了多少次的基礎練習，才能展現出那麼耀眼的成績。反覆這件事，可以說是所有進步的必備要素。

事實是，孩子們最喜歡的遊戲的本質和學習一樣，都是反覆進行的。

以電玩為例，有些關卡很難突破，但如果沒有過關，就無法晉級；再加上一開始會不知道應該怎麼玩，所以要花一段時間才能過關。像這樣，本來並不知道操作方法，所以一定要花時間摸索，不過，只要花一下子的時間就能摸熟。而接下來只要再反覆數次，就可以掌握訣竅，並往下一個關卡前進。這樣的成長會令人開心不已。因此，遊戲的最大樂趣可以說就在於反覆之後達到進步。

總之，以本質來說，學習和遊戲一樣都是「反覆」，但卻因為這些微的差異，而導致「喜歡打電動」、「討厭讀書」，「打電動可以持續好幾個小時，讀書卻持續不到5分鐘」這種天差地別的結果，真的是很不可思議。

讀書和打電動之間只有些微的差異，而這種些微的差異到底是什麼呢？

——那就是電玩的反覆是很簡單，而且快樂的。

## 反覆很簡單＝離目標的距離很短

首先，所謂「反覆是簡單的」，就在於電玩具有「小目標」、「可以立即到達的目標」。舉例來說，電玩的打鬥遊戲、射擊遊戲、格鬥遊戲等，只要花數分鐘到數十分鐘的時間就可以過一關。就算是「勇者鬥惡龍」之類的角色扮演遊戲，雖然要花數十小時才能通過全部的關卡，但這類遊戲還是會在中間反覆出現小任務，而這些任務都是不用花1小時就能達成的目標。

對孩子來說，像遊戲這樣可以立即享受成就感的反覆，是一點也不會覺得辛苦的。相反地，由於可以不斷地享受成就感，所以反而會積極地想要反覆進行。

因此，孩子會「沉迷」於電玩，並在全部過關後，就又想買其他的新遊戲了。

相反地，讀書的目標是很遙遠的，極端一點來說，是所謂的「學無止境」。

如果以孩子的學習來說，其目標可以想成是為了將來、為了從事自己喜歡的職業；即便如此，這樣的目標對孩子來說，還是遙遠得讓人不敢領教。

「我要讀理工科，我以後要當太空人！」

「我想當作家，所以我要努力學國語。」

像這樣，只要覺得對將來有幫助的，還是會激發孩子的學習意願。夢想的效用在第1章已經介紹過了，但是，那真的可以成為激發孩子立即努力讀書的理由嗎？這裡面還隱藏著一個很困難的問題。

那就是，讀書要在10年、20年後才會看到結果。目標這麼遙遠，叫孩子要怎麼去努力。

Point

**孩子的10年，就像大人的數十年，感覺是一樣的。你會為了想要健康地過老年生活，而從現在開始每天運動嗎？**

孩子是一種只會思考「今天快樂就好了」的生物。就這一點來說，電玩是只要玩就能立即得到快樂的東西。而且只要玩幾個小時，就可以過關（達成目標），可以享受到更大的喜悅。這樣的速度感也很符合孩子的感性。

因此，如果想讓孩子喜歡讀書，就必須盡量幫他們設定一個短距離的目標，而不是長距離的目標。基於這個觀念，我選擇了功文式學習。

一張紙，正面10題、背面10題問題，這種格式是很理想的「小目標」。不用1個小時就能完成，而完成一張作業的成就感和完成一本厚課本中的一頁作業相較，視覺上的成就感也不一樣。這樣就不會覺得反覆是很辛苦的事。或許甚至會產生「今天完成了三張，說不定明天可以挑戰四張」的想法。

「只要現在努力，長大後就會很輕鬆。」

「只要練習1年，就可以彈這個程度的曲子哦！」

這種長期的目標對孩子來說太遙遠了，無法激發他們的學習意願。

「今天就征服這一張吧！」

「今天只要學會彈第1小節就行了，明天再彈第2小節。」

像這樣盡量拆成短期的目標，就是可以幫助孩子順利地反覆學習的訣竅。

Column

## 英國的大學

誠如「錄取率百分百的時代來臨了」這句話所示，日本的大學數量很多。

根據文部科學省（日本教育部）的「平成 19 年度學校基本調查報告書」顯示，目前全日本有 756 所大學。

相較於此，英國的大學只有 100 所左右，升學率並沒有那麼高，而 20 年前的數量更是只有現在的一半而已。

在英國，如果要進牛劍（牛津大學與劍橋大學），一出生就要立刻向準備從 5 歲起就讀的寄宿學校提出申請。

夕己就讀的寄宿學校溫徹斯特學院是和伊頓學院（Eton College）齊名的名校，每年都送出許多牛津劍橋新生。

# 讓學習遊戲化②

## 設定誘因

### 即使是大人，沒有紅蘿蔔就不願意動

所謂的誘因就是要「製造動機」，這是可以提高人類意願的要素。如果從電玩的角度來說，那就是「遊戲本身的樂趣」、「高分」、「過關」、「有魅力的角色」、「令人興奮的音樂」等。像這樣能將所有可以讓孩子開心的要素全部放在一起的東西就是電玩。正因為如此，孩子才可以連打幾十個小時的電玩而不會覺得膩。

但是，學習本身並不具備那麼強大的誘因。

不過，也不是全然沒有。例如「我就是喜歡歷史」、「數學證明公式有一種快感」、「自然科的實驗每次都很有趣」等等，還是有些孩子會體驗出學習本身的魅力。這樣是最幸福的形式。而誠如「喜歡才能變專家」這句話所言，沒有什麼心情比「喜歡」更能引導出孩子的能力了。

只是，能夠體驗這種幸福的孩子畢竟是少數，這點相信大家都能從經驗當中理解。而且，如果只學喜歡的科目，而不學討厭的科目的話，就很難培養均衡的學力。

既然這樣，那麼就由父母為孩子準備學習的誘因就可以了。這就是「讓學習遊戲化」的第二個重點。藉由這樣的做法，可以無限縮小學習與遊戲的差距。

為了「讓孩子喜歡讀書」、「讓孩子想讀書」，我所做過的最大工程就是設定誘因。反過來說，要讓孩子在沒有誘因的狀態下學習，基本上是不可能的事。再加上如果孩子因為在這個階段受挫，進而「討厭讀書」，並覺得「痛苦」的話，以後就很難重新來過了。

既然如此，那就要給予孩子誘因，盡量在較早的階段就建立起一個可以讓孩子快樂地反覆學習的環境，至於以後的一切，就看這一步做得如何了。

## 心理性誘因

誘因可以分為心理性誘因和物理性誘因。所謂的心理性誘因就是「讚美」。學校的老師會在考卷上寫「100分」或在成績單上填寫「甲」。這也屬於心理性誘因。說起來，這等於是對孩子的一種封號，這可以讓自己對外炫耀，而「好厲害」的感覺也會引起學習意願。

父母能做的就是——「讚美」。實際上，這才是最重要的。總之，只要找到理由，就要讚美孩子。應該已經有很多父母這麼做了，沒有一個孩子不喜歡被父母讚美。電玩不也是這樣嗎？只要過關，螢幕上就會出現「恭喜」、「做得好」等加油的字樣。孩子就是為了要看這些，才會那麼努力。

這兩者的狀況是一樣的。受父母讚美會連結到某種成就感，使「我想繼續讀書」的意願不斷湧現。

特別是小時候，這種心理性誘因會產生強烈的作用。孩子只要有「想看見爸媽高興的表情」、「想被讚美」的心情，就會努力。

## 物理性誘因

小時候只要被讚美，就會努力，這樣的孩子會在不久之後開始感到只有讚美是不夠的。這一點和大人是一樣的。成人不管受到上司如何的讚美，也只會感到開心而已，不會產生「要更努力工作」的想法。人就是這樣，隨著成長，就會喜歡更具有實質利益的誘因，否則就不會激發意願。

最瞭解這一點的要算是企業了。對工作績效好的職員，就追加獎金，或者提高年薪。這些都是企圖藉由誘因的威力，引發員工的衝勁。這是題外話，賦予責任更大的工作，或者擴大該職員的裁量權，這也都相當於心理性誘因。總之，「工作價值」也會成為一種誘因。

我為夕己提供的物理性誘因有零用錢、玩具、零食等等。給予誘因的規則是事先決定好的，只要考試得100分，就給50日圓。這個金額很小，但對孩子來說，已經是足夠的獎賞了。只要讀書就可以得到獎金↓可以得到獎金就可以買神

CHAPTER 3 讓學習遊戲化

奇寶貝卡→只要得到很多100分，就可以買更多卡。因為瞭解這個道理，所以夕己就拚命讀書。

雖說是利用零用錢，但只要能養成讀書的習慣，那就可以說大功告成了。以後孩子不會再有不擅長讀書的想法，同時也會逐漸瞭解學習本身的樂趣。不久之後，只要對未來有明確的夢想，即使沒有零用錢了，孩子還是會主動讀書。

剛開始讓夕己學小提琴時，就是利用甜食。由於這不是孩子主動想學的才藝，而是父母決定的課程，因此，夕己是很討厭上課的。

這時候，妻子就決定在每週一次的課程結束後，都帶他到咖啡廳去吃聖代。結果是效果出奇地好。討厭上課，但想吃聖代。兩相比較之後，還是想吃聖代的心情比較強烈。

這就和大人的獎金一樣，兩者都是很直接的報酬。但正因為直接，所以有力量，這點很重要。

Point

**孩子基本上是一種「想要快樂度過這一刻」的生物，眼前的小誘因會比將來的大誘因更具效果。**

雖然有人不喜歡這種將紅蘿蔔吊在面前的做法，但是我認為在一開始「為了零用錢而讀書」的想法是無所謂的。因為只要能讓孩子開始覺得反覆學習很有趣，並且能讓讀書變成一種習慣，就應該不擇手段。

## 要依照孩子的需求，尋找最有效的誘因

「如果給孩子錢，以後不會變成一個見錢眼開的人嗎？」

針對這一點，我的意見是「不一定非要用錢」，「但絕對要有誘因」。如果對以錢為誘因這一點感到猶豫，那就尋找別的誘因吧！關鍵在於必須找出最適合

那個孩子的誘因。如果有金錢以外的物品可以引發孩子的意願，就應該毫不猶豫地選擇那個物品。

舉例來說，可以在晚餐時準備孩子喜歡吃的菜；也可以在週末，帶孩子到他想去的地方。換句話說，只要這世界上有多少個孩子，就應該有多少種「眼前的紅蘿蔔」。

我們家也是一樣，小兒夕己特別喜歡零用錢、神奇寶貝卡、漫畫等的物理性誘因；但小女則沒有什麼物欲，是屬於要靠心理性誘因來激發學習意願的類型。

另外，要看清最適合孩子的誘因，平日的親密關係當然是必要的。我會在第1章反覆強調「父母與子女之間的親密關係很重要」，部分也是基於這個理由。平常就和孩子多接觸，掌握孩子喜歡什麼？要怎麼做才能讓孩子表現出學習意願？如果不了解這些，就無法找出最適合那個孩子的誘因。

# 電玩、漫畫、電視，全部OK

## 與其搶走，不如給他

老是坐在電視機前面，打電動打到半夜還不睡覺。

那些會阻礙孩子讀書的電玩、漫畫、電視、玩具要盡量拿走。父母的這種心情我也不是不懂。

但是，在我們家，漫畫、電玩、電視全部都是OK的。至於玩具則如前所述，只要能「列出10個想買的理由」，不管什麼都會買給他們。我無法認同將電玩或漫畫本身視為壞蛋的觀念。

基本上，孩子是否會因為誘惑被拿走就開始讀書還是個問題。如前所述，想要讓孩子讀書，重點在於必須準備強力的誘因，並創造一個環境，讓孩子讀書可以像玩遊戲一樣。

魅力超越電玩或漫畫的誘因，似乎很難找到，但這才是展現父母功力的地方。舉例來說，將電玩及漫畫本身設定為誘因，不失為一個好方法。

「只要每天乖乖地持續讀書30分鐘，就買漫畫給你。」

「只要考試拿到三次１００分，就買新的遊戲軟體給你。」

如果這樣的誘因沒有效果，就表示父母還不瞭解孩子。那麼，在拿走孩子的電玩或漫畫之前，似乎還有其他應該要做的事在等著你。

舉例來說，父母也要一起打電動，如此一來，就會知道孩子想要什麼樣的遊戲軟體。又例如和孩子一起看漫畫，我就和夕己一起從頭看完《七龍珠》。如此一來，「快點去租下一集」等等，親子之間的話題也會增加。

只要能持續這樣的溝通，就能提出對孩子比較有效果的誘因了。

與其搶走電玩或漫畫，還不如給他，這樣反而比較有效。

## 電玩和漫畫都是培養孩子可能性的土壤

把電玩或漫畫視為是壞蛋，欲除之而後快的父母，其背後都有「那些東西沒有用，只會浪費時間」的意識。特別是那些以考上一流大學、進入一流企業工作為人生目標，而且自身也加以實踐的父母，更會基於經驗上的認為「沒有什麼事比花時間在那些東西上面更浪費時間了」。

然而，這樣的觀念會把孩子無限的可能性都框在「父母的經驗和學歷」這一個小框架裡。

在這個社會，有很多人是因為極度喜愛漫畫，才成為世界級的漫畫家；也有很多人是因為喜歡電玩，才成為電玩遊戲設計師。不能因為自己沒有這樣的經歷，就剝奪掉孩子的可能性。

在電玩和漫畫裡，也大量隱藏著孩子的可能性。以我自己為例來說，我之所以能以24歲的年紀就在國外的金融機構擔任董事，就某種意義來說，也是電玩「星際大戰」的功勞。以下介紹有關於我個人的一些經歷。

1978年，Taito公司推出「星際大戰」這款電玩機台，讓整個日本陷入瘋狂。當時就讀高中的我根本沒有那個時間跟著瘋狂，因為我每天都必須半工半讀，靠送報的薪水過生活，所以根本不允許到遊樂場去。

不過，我還是很感興趣，「為什麼侵略者會那樣動呢？」像這樣對電腦抱持強烈的關心。當然，對窮學生來說，根本就買不起電腦。當時等同於電腦代名詞的NEC98系列要價可是高達70萬日圓。

但是，我這個窮學生卻有幸可以自由地使用電腦。因為在我負責送報的客戶中，有一處是電器行，這裡的老闆讓我可以自由地使用擺在店頭的電腦。

當學校下課後，我幾乎每天都會到電器行去，在與厚厚的手冊奮戰的過程中，逐漸熟悉程式設計與電腦的使用方法。而在不久之後，就可以自己設計「打磚塊」及「○×的井字遊戲」這類簡單的遊戲了。

現在回想起來，為什麼能夠發揮那麼強的集中力，學會電腦技能呢？連我自己也不太清楚。此外，雖然當時的我對電腦充滿著強烈的熱情，但卻從來沒有想過要靠電腦來維持生計。

後來，我靠苦學考上了國立大學，但不知是否因為考上大學令人瞬間感到放鬆，後來幾乎都沒有去上課就離開了大學，還漫無目的地離開家園，遠渡重洋到了英國。當在找工作時，因為擁有電腦技能，便踏入倫敦的金融街，展開社會人的生活。

在這個地方，我的才能受到認同，並以24歲的年紀，被拔擢為史上最年輕的董事。現在回想起來，似乎所有一切的源頭就是我對星際大戰電玩感興趣。

回憶的故事似乎有點長，總之，我之所以會對電玩及漫畫採取寬容的態度，是因為我個人有這樣的經驗。

# 善用時間與訂立計畫，是擅長讀書的條件

## 真正的問題在於如何利用時間

還有另外一個理由讓我不會將電玩及漫畫等視為壞蛋。

那就是其實壞蛋另有其人。

追根究柢，「因為沉迷電玩或漫畫而不讀書」這都是因為不知道要如何利用時間。不論是電玩或是漫畫，只要決定「1天30分鐘」的規則，並且確實遵守，那麼父母就不應該再抱怨。如果要抱怨，只能在時間毫無節制地從30分鐘變成1個小時、1個小時變成2個小時的時候。

那麼，應該教孩子如何利用時間的人是誰呢？——當然是父母。就這樣，我們注意到問題出在父母身上，因為只要從教導孩子如何利用時間開始，就是讓孩子擅長學習的最快捷徑。

那麼，實際上，應該如何教導孩子利用時間呢？以電視為例。孩子都很愛看電視，夕己也是，當時他每週都不會錯過的節目就是「七龍珠」了。

電視的優點在於絕對會準時開始，電視節目是不等人的。因此，如果節目要在7點開始，孩子就會產生必須在7點之前將該做的事全部做完的幹勁。「如果不趕快做完，就來不及看電視了」，孩子一旦認真起來，就會展現出令大人驚訝的集中力。

或許是這樣的習慣奏效了，夕己養成了對利用時間非常嚴格的態度。一旦他將精神集中在作業上，在預定的計畫完成之前，他絕對不會停手。

相對地，應該休息時就會休息。只有擅長利用時間的人，才擁有這樣的果斷力。不論是看漫畫，或是打電玩，都很認真，從來不會漫無目的地做一件事，隨時都能保持集中精神的態度。即使是在玩的時候，也會確實地規範自己。

Point

會讀書的孩子看漫畫的速度也快；
如果看漫畫的速度很快，就也會讀書。

## 學校作業中，最重要的部分在暑假作業

這句話有一半是開玩笑，有一半是認真的。我認為小學的作業中，最有幫助的就是暑假作業中的「1日計畫」。為什麼會這麼說呢？

如何利用時間，以及從稍微廣泛一點的方向去訂立計畫，這都是讀書想要有效果、有效率時所不可欠缺的技能。預測完成一項作業需要花多少時間，控制自己朝著決定的目標值前進。這些平常在課堂上不會學到的事。

但是，每年會有一次的機會學習——那就是暑假的讀書計畫。我會讓夕己認真地訂出暑假的讀書計畫。在學校教育中，讓孩子學習訂立計畫這一點來說，沒有什麼比這更具效果的了。

我也會和孩子一起思考，因為要讓小學低年級的孩子訂立超過1個月的行程計畫，似乎是太為難他們了。如果完全都交給孩子自己去做，就只能做出敷衍式的讀書計畫，而馬虎訂出的計畫通常都只會被不確實地執行。如此一來，就無法讓孩子提升利用時間及訂立計畫的技巧了。

如果父母陪孩子一起認真地訂立計畫，這份心情也會確實地傳達給孩子。他們會理解到，自己必須按照計畫來讀書。

當我發現和孩子一起訂立計畫，並督促孩子實行，可以讓孩子學會如何善加利用時間與如何訂立計畫後，我決定要夕己也針對暑假之外的平常日子也製作計畫表。因為是小學生，不需要製作以分鐘為單位的詳細計畫，只要讓他們思考從星期一至星期五要做的最單純的事就可以了。例如，幾點到幾點要做作業、幾點到幾點看電視等，只要到這樣的程度就夠了。

像這樣從小學的時候就開始，持續教導孩子如何利用時間，那麼即便是孩子，也可以切身體會到如何有效利用時間這種有限資源的重要性。後來夕已為了怕浪費隨時都有可能出現的空檔時間，總是隨身攜帶著文庫本小書。我想這就是因為他已經意識到應該如何利用時間及訂立計畫，才會有這樣的小小舉動。

# 課本最重要的部分是目錄

## 只要瞭解整體，功課也會順利進行

剛才有點半開玩笑地說：「訂立暑假的讀書計畫是學校作業中最有幫助的東西。」除此之外，我還有另外一個也是半認真、半開玩笑的想法，那就是「課本中，最重要的是哪一頁呢？」答案就是——「目錄」。

在我們家，每到新學期開始時，都會固定做一件事。那就是讓孩子仔細地閱讀課本的目錄。

一般來說，課本的目錄都是很少被閱讀的一頁。因為即使沒有看過目錄，只要在每次上課時，翻開老師指定的那一頁就可以了。

但是，我每次都一定會讓夕己瀏覽目錄。為什麼要這麼做呢？因為這樣可以讓他大致對該學期要學習的整體內容有些印象。其實，做什麼事都是一樣，可以看到終點和看不到終點時的努力態度將會有所不同。

人之所以可以在馬拉松賽中跑完42．195公里，這是因為選手們知道所要跑的距離。但如果是在不知道終點的狀況下，被要求「跑到我說停為止」的話，絕對沒有人可以跑到40公里，一定會在半途就放棄了。

課本也是如此。只要能在最初就掌握條列式的學習內容，就可以瞭解「必須做到哪裡」，同時也會對學習湧現動機。此外，還可以先做好心理準備，即使最初都是不感興趣的內容，但只要知道再過一陣子，就會開始教導自己有興趣的領域後，就不會覺得那麼無趣了。

雖然這稱不上什麼獨門方法，但知道也不會有什麼損失。

CHAPTER 4

# 讓自己的孩子不至於「無能」與「白目」的方法

## 培養「受歡迎」與「在社會堅強存活」的能力

## 不要讓孩子在20歲以後，只成為一個普通人

10歲是天才，15歲是神童，過了20歲以後就只是普通人。日本有這樣的諺語。這是因為變成大人之後，就無法以會讀書、不會讀書來衡量一個人的價值了。「沒用的人」、「沒有魅力的人」在出社會後，將會遇到更多的困難。

面對將來必須投身社會的孩子來說，到底要在功課之外，還要再教導他們什麼樣的東西呢？一種可以保護孩子通過嚴格的現實社會考驗，可以成為他們克服苦難力量的東西。在幾經思考之後，終於讓我找到了。

那就是「堅強生存的力量」，是可以堅韌存活於這個社會的力量。而能夠教給孩子這種力量的人不是學校的老師（大部分的老師都沒有待過學校之外的社會），也不是學校的朋友，而是正在社會中實際工作

的父母。

身為一個衷心希望孩子幸福的父親，也身為一個社會人的前輩，我決定教導孩子在這個社會中堅強生存的力量。

「堅強生存的力量」，這聽起來似乎太籠統了，以一句話來說，就是男性被特別要求的東西。

也就是「謀生能力」。

這是要結婚、當爸爸、養一個家庭前必須具備的能力，應該很少父母會對此提出異議吧！

在這一個章節裡，將介紹如何培養孩子的「謀生能力」。

# 想教給孩子的三種「謀生能力」

## 競爭力

以我的經驗法則來說，「謀生能力」可以大致區分為三種。

第一種是「在競爭中獲勝的能力」——「競爭力」。

身處於現今的日本，相信大家對競爭力的必要性都已經有充分的理解與體認了。在公司，採用的是「績效主義」，視員工績效調整薪資的情況已逐漸普及，這使得日本已經邁入一種競爭的社會。只要自己能夠獲得比別人更多的成果，就可以獲得比別人更高的收入。

只要認真工作，即使實力不足，但收入也會漸漸增加，而且最後還可以領到一筆不錯的退休金，然後可以悠哉地度過老年生活。這樣的想法已經過時了。

如果想賺錢，就得拿出成果來。如果做不到，不僅收入會減少，甚至還會有失業的危險。因此，要在這麼嚴苛的社會中穩定地謀生，絕對要具備可以與他人競爭，並達成比別人更多成果的力量。

## 創造力

然而，有一條捷徑。因為不是所有謀生的方法都只是靠競爭。

因此，第二種「謀生能力」就是「創造的力量」——「創造力」。

只要可以創造出連競爭對手都找不到的、全新的東西，那就根本連競爭都省了。

最典型的例子就是微軟的創辦人比爾．蓋茲。目前電腦OS的市場是處於由微軟公司的「Windows」獨佔的狀態。由於擁有消費者的高度信賴，比爾．蓋茲獲得了鉅額的報酬。

搜尋引擎Google也是藉由「創造力」達到急速的成長，並獲得巨大的收益。

除了高性能的搜尋引擎外，再加上大容量的郵件服務以及利用衛星照片的地圖搜尋等，快速地開發出嶄新的服務。

雖然這是兩名大學生在1998年才成立的新事業，但是目前的營業額已經遠遠超過了1兆日圓。

這兩家公司都是利用創新的力量，成功賺取鉅額報酬的最佳典範。

## 協調力

第三種「謀生能力」是「與他人協調的能力」——「協調力」。這種力量是為了要和他人合作，完成無法獨力完成的、規模更大的工作。

日本的學校教育所重視的東西就是這個。以培養良好社會人為目的的教育＝以培養良好組織人為目的的教育。不論從哪個角度來看，都讓人深深覺得這種教育方針比較適合用來量產願意與他人做相同的工作、協調性高的社會人，但並不適合用來發展孩子的個性。

就「謀生能力」的意義來說，這種「協調力」劣於「競爭力」和「創造力」。

因為只要有可以協調的對象，就無法獨佔報酬了；而只要協調的人越多，通常獲利就會越少。

因此，「協調力」在「大家一起賺差不多的錢」是有幫助的，但如果要「一個人賺大錢」，光靠這個是不夠的。

話雖如此，不論是做什麼樣的工作，只要是在社會上生存，還是會遇到必須和他人合作的狀況。就這層意義來說，要在這個社會強力地生存下去，協調力確實是必備的。

因此，特意讓孩子培養協調力還是屬於父母的責任。

一直置身於競爭的金融世界的我，決定將「競爭力」、「創造力」、「協調力」三種能力傳授給夕己。

接下來將具體地依序說明我為此做了什麼事。

# 鍛鍊「競爭力」①
## 只有父母能教給孩子的重要能力

### 沒有人能逃避競爭

在社會上，競爭是無法避免的。雖然競爭過頭的結果，就是產生最近被視為問題的「格差社會」（只能分成上層與下層兩個極端對立的階層，貧富差距大的M型社會），但還是不能阻止競爭本身。因為唯有競爭才是促進社會發展的原動力。

如果企業間失去競爭的話，就不會產生優良的商品、優質的服務。正因為有「必須製造比競爭對手更好的商品，否則無法滿足消費者」的想法，才會不斷地進行改善。回想過去日本JR還是屬於國營鐵路時，那些票價昂貴、車廂髒亂、服務態度差等不堪回首的狀況。但後來改為民營化後之後，就因為必須競爭，才會產生目前這種舒適的鐵道運輸。而這正是即使嚴苛，還是需要競爭的理由。

在我們家，一直擁有「父親讓孩子學會嚴苛的競爭、母親讓孩子學會體貼」的觀念。一般來說，父親比母親更能切身體會社會的嚴苛。父親一直身處在社會的嚴苛之處、令人嫌惡之處，他們知道早上通勤的電車有多麼擁擠，也徹底理解在公司賺錢是多麼的辛苦。而基於自己的經驗，他們也知道要如何通過那些難關。

因此，父親要負責讓孩子知道社會的嚴苛之處，這是只有父親才能擔負的重大任務。

另一方面，有些人則抱持著不必讓孩子看見社會嚴苛面的看法。這大概是出自於希望孩子可以在純真童心下成長的心情吧！不過，即使在學校可以獲得平等的對待，但在一踏出社會的那一瞬間，所謂的平等主義就會飛向遙遠天際了。因為社會本來就是一個既會訂排名，也會將人分為勝者與敗者的嚴苛環境。

既然如此，不如應該趁早讓孩子熟悉那個環境才是。

## 應該在哪裡競爭？能提出最確實建議的人是父母

人，具有與生俱來的資質。有跑得快的孩子、跑得慢的孩子；有會讀書的孩子、不會讀書的孩子；有不需練習就可以投出快速球的孩子，也有再怎麼練習也無法成為投手的孩子。「不論什麼人，只要肯努力，什麼都可以達成」這句話根本就是痴人說夢。已經出社會的成人，應該對這點有更深刻的體會吧！

即使如此，學校還是不會教孩子這些。舉例來說，學校會配合跑得慢的孩子安排體育課程，這對跑得慢的孩子來說，或許是適合的教育，但對跑得快的孩子，這樣就好像是親自剝奪掉孩子發展天分的機會。學校在安排課程時，應該要安排如何讓跑得快的孩子跑得更快的教育，並發掘跑得慢的孩子在跑步以外的才能，並加以發展。我認為進行這種個別教育才是最理想的。

總之，能夠做到這一點的只有父母。只要父母不努力，孩子根本無法培養出擁有在競爭中勝出的能力。如果把一切都交給學校去做，就無法進行所謂發展各個孩子的強項，並使其成為一種武器的重大工作。

# 鍛鍊「競爭力」②

## 從棋盤類遊戲中學會競爭

### 從遊戲中培養競爭力

培養「競爭力」的捷徑，就是讓孩子習慣競爭。

其實，我們的身邊到處都隱藏著學習競爭的機會。舉例來說，孩子喜歡看的漫畫裡，一定會描繪出敵我相互競爭的場景。至於運動，更是一種競爭。只要贏，就可以獲得很多東西；要是輸，就什麼都得不到。有時候，我們就是透過運動學習要被分為勝者與敗者的殘酷命運，而學校本身也是一個競爭的場所。

但是，如果處於過度嚴苛的競爭裡，就會覺得競爭「很痛苦」，反而會造成反效果。這樣不僅不會習慣競爭，反而會有退出競賽，或避開和與別人競爭的情況。如此一來，就無法養成「在競爭中勝出的能力」以及「謀生能力」。

最理想的狀況應該是，要快樂地學習競爭。因此，我們家經常會舉辦遊戲大賽。這是一種家人一起進行、有獎品的遊戲大賽，頻率大約是1個月一次。遊戲的種類沒有特別限定，會依照當天的心情選擇撲克牌遊戲或棋盤類遊戲。由於所有的遊戲都含有競爭要素，所以選擇玩什麼都可以。

準備獎品，這還是為了炒熱氣氛。因為只要有誘因，孩子的意願就會提高，這點在前面已經說明過了。

遊戲規則是採用第1名3分、第2名1分、第4名負1分的計分制，在遊戲結束後統計分數，總分第1名的人就可以得到巧克力之類的獎品。全家人以獎品為目標，進行競賽。這樣比只是漫無目的地玩遊戲更有趣，全家人經常會熬夜玩到天亮。這也是一種很棒的學習競爭的機會。

運用自己的智慧，超越對方，取得勝利，贏得報酬。只要贏了，就會開心得像要飛上天；如果輸了，也會懊惱得快哭出來。和在社會各處展開的競爭一模一樣。

正因為如此，不僅可以感受到殘酷的一面，也可以充分享受競爭的樂趣。這正是遊戲的優點。

## 父母偶爾也要放水

不是抱著陪孩子玩的想法，而是要和孩子一起快樂地玩。這是我們家玩棋盤類遊戲時的鐵則。只是，有一件事現在已經可以坦白說出來了，我們大人當然不會盡全力和孩子拼輸贏，有時候我們會故意輸給孩子。也就是說，我們也會放水。

而這樣做的目的有三個。

第一個是為了讓遊戲更好玩。說到電玩，這是孩子的天下，但棋盤類遊戲就不同了，只要瞭解遊戲規則後，還是對人生經驗豐富的大人比較有利。這就某個意義來說，是理所當然的事。如果大人認真玩，而且一直贏的話，就算是遊戲，孩子也不會開心，而且會變得不想玩。

第二個是要讓孩子有勝利的經驗。據說一般會對剛成為社會人的年輕職員說：

「快點去體驗成功。」只要自己有成功、勝利的經驗，就可以以此為支柱，使掌握成功這件事變得更為容易。

相反地，如果沒有體驗過成功，就很難成長。因為這樣的人會陷入失敗的連鎖效應，無法想像自己順利的樣子，於是也就無法發揮實力。

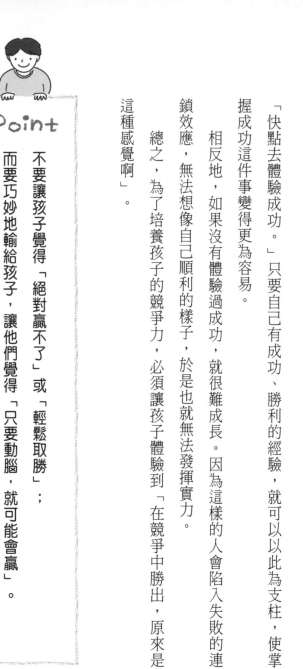

總之，為了培養孩子的競爭力，必須讓孩子體驗到「在競爭中勝出，原來是這種感覺啊」。

Point

不要讓孩子覺得「絕對贏不了」或「輕鬆取勝」；而要巧妙地輸給孩子，讓他們覺得「只要動腦，就可能會贏」。

第三個是調整零用錢。在我們家，在孩子還小的時候，零用錢基本上是採績效制。如果在功文教室的小考拿到滿分，就有50日圓；如果在遊戲大賽中得到第一名，就有100日圓。像這樣，不是定期匯款，而是採用努力取勝的制度。

不過，話雖如此，如果完全採用績效制，每個月的零用錢金額就會出現很大的差異。而如果出現「這個月的零用錢是100日圓」的狀況，恐怕會讓孩子覺得社會競爭太過嚴苛，而討厭競爭。

## 為什麼棋盤類遊戲比電玩好？

還有一點應該要注意，那就是我認為最好不要選擇電玩。

雖然說利用電玩對戰也是一種競爭，但感覺總是有些枯燥，而且無法全家人一起同樂。另外，打電動時，玩家的眼睛基本上都是盯著電視螢幕，不會注視對手。如此一來，就無法當做一種訓練，來培養競爭時不可或缺的與對方談判或心理戰的策略。

因此，和電玩比起來，我推薦模擬類的遊戲。將棋盤攤開放在桌上，運用身體興奮地玩，這樣對話起來會更有趣，也能加深親子關係。沒錯，在這裡必須再補充一點，遊戲大賽也可以用來當做加深親子關係的藉口。

雖然現在小兒已經即將從牛津大學畢業了，但我們我們家的遊戲大賽是到現在還是持續著。即使現在沒有一起泡澡，沒有一起去旅行，但只要有遊戲，我們還是可以培養親子關係。

# 鍛鍊「競爭力」③

## 和自己的競爭也要贏

### 即使不遵從命令，也不能破壞約定

「在競爭中勝出的能力」，換句話說就是「贏過別人的能力」，這是無庸置疑的；但是，我認為還有一個「贏過自己的能力」（自律力）也是很重要的。只要這兩項都具備，就可以讓「在競爭中勝出的能力」更加穩固。

自律的能力，在「自己決定目標、訂立計畫，並依照計畫行動」時，這種能力具有非常重大的意義。換言之，也就是實踐計畫的能力。

雖然孩子已經決定好「今天要寫完作業之後再看電視」，還是被誘惑打敗，在寫完作業之前就先看電視。還有雖然要確實遵守事先訂好的日程計畫表，就一定能即時完成暑假作業，卻常常因為輸給「想玩」的欲望，而在暑假的最後一天手忙腳亂。

這些都是因為自律能力太差才會發生的狀況。

雖說這都是「小學生常見的狀況」，但也不能忽略。因為如果出社會後，這都是「絕對禁止做的事」。因此，如果「因為還是孩子」，就放縱的話，是很危險的。

請試著以社會人的常識想想這個問題。當有期限的工作沒能如期完成時，會產生多大的問題啊，這樣不僅會對所有相關人員造成困擾，甚至會有造成鉅額損失的危險。即使最後能夠設法避免掉最壞的情況，但是以社會人的身分來說，還是會受到最差的評價。

以最日常的例子來說，「早上準時上班」、「約會不遲到」，都是必須要有「自律能力」才能做得到的。大家都希望早上能睡到自然醒，也會因為小麻煩差點在約會時遲到。但是，能不能在這些時候控制自己，朝向目標努力，這是身為社會人最最基礎也是重要的能力。

從這個角度去想，趁孩子還小時，先進行「自律」訓練，這也是一種所謂父母的責任。

## 不是「命令」，而是「約定」

就這樣，我開始讓孩子建立「約定」的習慣。

舉例來說，先來想像一個場景吧！孩子必須在今天之內完成作業。明明上床的時間已經快到了，孩子還很悠哉地在看電視。站在父母的立場，一定會沉不住氣。

這時候，父母會忍不住以命令的口氣說：「快點去寫作業！」但是，這時候的正確做法應該是忍耐。

不是命令，而是約定。父母應該要詢問孩子：「什麼時候你才要寫作業呢？」督促孩子自行決定。

而如果孩子在這個時候回答：「8點會寫。」那麼約定就成立了。

約定的優點在於讓孩子產生「必須遵守」的想法。由於是自己答應「8點以前會寫」的，因此，如果沒有遵守約定的話，就等於是在對自己說謊。而「不可以說謊」的心情，會強力地督促孩子努力做到。

父母的命令無法產生這麼強大的力量，來督促孩子採取行動。命令是在不考慮孩子的狀況下，由父母強加在孩子身上的。由於這會令孩子產生反抗的情緒，因此，無法順從地「遵照父母的命令」。這就是孩子的真心話。

因此，我從來不會將命令強加在夕己身上，我總是讓他自己決定。當要約定在哪裡碰面時，我不會說：「在○點集合」，而是詢問：「要在幾點集合？」並讓他做決定。而想讓他打掃房間時，也會問：「你什麼時候要打掃？」並讓他決定。也就是一切都交由孩子自己去做決定。

**Point**

**想讓孩子做些什麼事時，不要命令，要交由他們自己做約定。**

當沒有遵守約定時，就要嚴厲斥責。「這是你自己答應的，為什麼沒有遵守！」像這樣透過「遵守約定」的習慣，孩子就會養成自律的能力。

# 責備時的三段論法

## 只有在未遵守「約定」時責罵

在我們家，重視約定勝於命令。不說：「要在○點集合！」而是問：「要在幾點集合？」讓孩子做出「10點」等的約定。

由於是孩子親口說出的約定，遵守就變成理所當然的事。如果是出於父母的命令，而孩子遲到時，就不能生氣，要先詢問遲到的原因。但是，明明是自己約定的「10點」，卻還遲到的話，就要責罵：「為什麼不能遵守自己約定的事！」

不遵守約定的行為會破壞他人對自己的信賴，甚至隱含有喪失自律能力的危險。因此，不能輕易地原諒。

今天遲到5分鐘，明天就有可能會變成遲到10分鐘；即使只是短短5分鐘的差異，還是要考慮到對方。因為我們不知道這5分鐘對別人來說，是具有多大的價值。即使只差了1分鐘，不對的事就是不對。如果沒有這樣的覺悟，總有一天會犯下致命的錯誤。

因此，在這種時候，我都會嚴厲地責罵孩子。

## 禁止單純說教，而沒有提出解決方法

責罵是有訣竅的。我一直提醒自己要做到的就是三段論法。首先是要指出「哪裡有錯」；接著，要告訴孩子「什麼是正確的」；然後教導「如何不重蹈覆轍的方法」。這三項每次都要以整套的組合提出。特別是第三項，更是重要。只要讓孩子瞭解可以不重蹈覆轍的方法，以後就不用再罵第二次了。

如果父母只是責罵後就滿足的話，孩子就不知道該如何做。

舉例來說，媽媽會罵孩子：「快點去整理房間！」、「房間那麼亂，怎麼看書！」媽媽往往只會罵到這裡就結束了。

但是，仔細想想，孩子有可能是因為缺乏收納的空間，或者不知道該怎麼整理才沒有採取行動。況且，年幼的孩子本來就無法完全理解所謂「整理」的意思，這樣的例子也常見。正因為如此，就必須由父母親自示範才可以。

**Point**

**責罵時，必須先準備好正確解答後再責罵。**
**如果不知道答案，不論再怎麼罵，以後還是會再犯。**

只要示範「要像這樣子做！」孩子以後只要模仿就行了。糾正錯誤就是這麼簡單。

# 鍛鍊「創造力」

## ——讓孩子變成多啦A夢

### 父母與其扮演多啦A夢，不如當大雄

「創造力」、「創新的能力」，並不是指音樂家或畫家這類藝術家所具備的才能；而是指運用自己的頭腦，擴大想像力，創造出新事物的能力。這種能力是不論任何職業、職務，所有人都需要的能力。

在我們家也一樣，因為希望能培養孩子創造的感性，所以固定會買很多的樂高積木給孩子。電玩也是一樣，不太會買單純的打鬥遊戲，而是會選擇解題系列等「益智」類的軟體。當然，人不可能光靠積木或益智遊戲就能鍛鍊創造力。這些不過是輔助商品罷了。

為了鍛鍊孩子的創造力，我曾經做過的事就是扮演「大雄」的角色。「多啦A夢！快點幫我想辦法啦！」這是大家都認識的藤子・F・不二雄的原著，世界人氣漫畫《多啦A夢》中，主角大雄的固定台詞。傻傻的麻煩製造者大雄，總是會這樣拜託著善於照顧人且擁有許多便利小道具的多啦A夢。

一般來說，這樣的關係也可以套用到「多啦A夢＝父母」、「大雄＝孩子」的親子關係上。當然，父母並沒有神奇的口袋，也沒有來自未來的便利道具，但他們擁有許多的智慧和經驗。而孩子們就會以此為依靠，在有困難或煩惱時，向父母請求協助。

如果想要培養孩子的創造力，就必須特意地將這種關係倒轉過來。由父母向孩子提出「快點幫我想辦法啦！」的請求。而且，要盡量且頻繁地這樣做。

舉例來說，我們家就發生過這樣的事。這是關於面紙盒要丟棄時的處理方式。雖然現在的面紙盒幾乎都已經採用可以輕易折疊的設計，但以前的面紙盒在使用完以後，處理起來很麻煩，常會令人感到不耐。

Column

## 益智玩具樂高積木

在我們家也一樣，會購買有名的益智玩具「樂高」給孩子。這是在世界各地都很受歡迎的塑膠製的組合積木。

雖然只是一個個小小的四角形積木，但卻可以組合成飛機、電車、汽車、房屋等各種東西。

這種玩具可以讓孩子的手指變靈活，同時也是最適合拿來發展孩子創造性的玩具。

不過，有一點必須注意，最近市面上已經推出「城堡系列」、「宇宙系列」、「星際大戰系列」等，孩子只要依照手冊就可以組合的產品。由於外觀很帥氣，孩子也會心動，但是，這就和普通的塑膠模型沒什麼兩樣了。這種玩具能否激發自由的創造力，這就令人存疑了。

如果是為了智育目的而購買樂高，就不應該買這些系列的產品，最好要購買最傳統的、包含基本組的桶裝樂高。

因此，我會問孩子：「有沒有什麼方法可以輕易地把這個盒子丟掉？」當然，我們也可以用自己的方式來引導出答案。但是，這樣做會把孩子的成長機會和面紙盒一起都丟到垃圾桶裡。

這是為了鍛鍊孩子的創造力所做的一種訓練。父母就徹底扮演大雄的角色，向孩子求助吧！這麼做的話，孩子就會動腦思考。如果要揉成一團的話，紙那麼硬，無法縮到很小；如果要用剪刀剪的話，又需要用力剪。像這樣多方設想，並且嘗試錯誤後，孩子的創造力就會越來越發達。這時候，父母只需要在一旁默默地看著就好。

當時我們家到處都有原子筆，亂七八糟的，很令人困擾。這是因為每次我使用完原子筆後，都會直接留在原處，所以每次都想不起來原子筆放在哪裡，而每當要使用時，就得到處尋找。因此，為了這件事我就找孩子商量，結果他們用空罐子做了一個筆筒給我。而且，還幫我收集了失散在四處的原子筆，整理好放在筆筒裡。

我就是像這樣從日常生活中訓練孩子的創造力，所以我總是不斷地對著孩子

說：「快點幫我想辦法啦！」

## 具有創造力＝善於安排步驟、手腕高明的人

這樣的「大雄」策略可以奠定孩子創造力的基礎。

「原子筆散落四處」、「臨時要用時都找不到」，面對這樣的狀況（掌握問題）→追查出「爸爸總是隨手亂放原子筆」的這個原因（分析原因）→然後思考「既然這樣，就把所有的原子筆都收到空罐子裡就好了」，並動手製作筆筒（提出解決方案）。

置身於某種狀況的想像能力，為了

解決困難而引導出必要辦法的邏輯能力，以及傳達自己的想法給其他人知道的語言能力。

雖然這只是日常生活的訓練，但卻是可以讓孩子用腦反覆進行極高度的作業。只要反覆進行這類訓練，以後就算什麼都不說，孩子也早就養成對凡事都會思考「這個難道沒辦法改善嗎？」、「難道沒有可以做得更好的方法嗎？」的習慣。而且，也能提出屬於自己的創意。

這個成果可以從日常生活中的各個小地方看到。舉例來說，更換被套時，就先將全部的被套一起拆下，最後再一起換上新被套。這樣比將一條條棉被，一次又一次地「拆下」、「換上」會來得更有效率。又例如打掃房間，只要告知孩子要打掃了，他們就會很清楚地建立分工制度，並在短時間內將房間打掃得一塵不染。

當然，我和妻子都不會插手，而是讓他們自己找出最適當的做法，並加以實際執行。我知道有很多人在成人後，還是不具備這樣的創意功夫，而我也知道這種高明的手腕會造成未來「謀生能力」的差距。

過一段時間後，即使父母沒有主動拜託孩子：「快點幫我想辦法啦！」他們還是會自動發現我們家的問題，並提出解決的方案。「只要用這個，就不必每次都要找遙控器了吧？」他們做了一個遙控器收納架當禮物送給我，這樣就不會再弄丟電視遙控器了。

為了鍛鍊「創造力」，父母就應該讓孩子盡量多動腦。

**Point**

對父母來說，扮演多啦A夢並不是一件難事；但是，這樣會讓孩子永遠都只能扮演大雄。

# 鍛鍊「協調力」①

## 不要讓孩子變成別人眼中的「白目」

### 培養能夠幫忙的孩子

第三項「謀生能力」是「協調力」。這也可以解釋成和別人一起完成某件事的能力，或者是受人喜愛的能力。

人類的社會是一個人與人共同作業的集合體。不論對「競爭力」及「創造力」多麼有自信，如果被人認定不具有「協調力」，意即別人對你具有「不想和那個人一起工作」的想法，就無法發揮自己的實力。

那麼，應該怎麼做才能夠讓別人對你抱持著「想和那個人一起工作」的想法，亦即具備「協調力」呢？那就必須讓孩子從小養成不破壞人際關係的和諧，並積極對別人做出貢獻的習慣。

要養成這樣的習慣，「幫別人的忙」是最適合的訓練。會幫忙父母的孩子即使在成人之後，也不需要為了協調性而擔心。在我們家，孩子幫忙做事是司空見慣的事。在開飯前擦桌子、擺餐具……。從小開始參與家事，這是每天的功課。而且，這並不是由父母「命令」的，而是和讀書一樣，都是出自孩子「自發性」的行為。

那麼，父母應該怎麼做呢？只要醞釀一種「全家人一起幫忙是理所當然的」的氣氛就可以了。而且要讓孩子感覺到這種氣氛。如此一來，只要有一個人在忙，孩子也會感覺自己也應該去幫忙。

Point

**訓練孩子觀察氣氛，要從製造氣氛開始。**

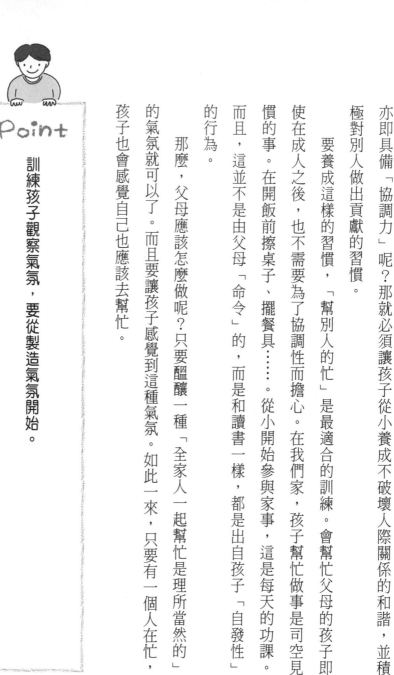

身邊的人忙碌地做著事，只有自己翹著二郎腿的話，即便是孩子，也會覺得很過意不去。不過，孩子也不可能在一開始就能夠觀察氣氛。因此，如果孩子不去幫忙的話，我就會罵他們。

「怎麼媽咪這麼忙，你們這麼悠哉呢？」

「不是有你們可以幫忙做的事嗎？」

像這樣，完全不用「命令」的口氣，重點在於要讓孩子自己發覺。而在這樣不斷累積自主發覺後，就可以培養出一顆體貼別人的心。

所謂團體生活，就是要互相幫助。當有人在忙時，就要體貼地出聲，說句：「有什麼需要我幫忙的嗎？」這就是形成「協調力」的基礎。

另外，說到讓孩子幫忙，還有一件事就是「跑腿」。為了讓孩子幫忙跑腿，我們家也用了一點小技巧。

例如，當決定要孩子去超市買東西時，就會故意忘記買一樣東西。像要煮咖哩時，會去買紅蘿蔔、馬鈴薯、豬肉回家，等到要開始料理時，就說：「啊！忘記買洋蔥了！」

這時候，就拜託孩子去跑腿。這種「忘記買了，真傷腦筋」的感覺是很好的。由於孩子會覺得自己是受人信賴的，就會開心地去幫忙買東西。這時候，「父母會感謝我」的心情就會成為孩子的心理性誘因。

像這樣，只要從小養成孩子「為別人做些什麼事」的習慣，等到長大成人後，就會具備自動為別人或團體組織做出貢獻的「協調力」。

## 田中式的防白目訓練

雖說積極地與人溝通是很重要的事，但是如果過度的話，就會變成沒有協調力。雖然很會照顧人，也喜歡幫助人，但卻會變成是個囉唆、煩人的「白目」（不會觀察氣氛的人），相信大家都不會希望自己的孩子變成這樣的人。

所有的孩子在一開始都不會觀察氣氛，所以這也是必須要訓練。

由於我的觀念是「如果父母不善社交，孩子也不可能長於社交」，因此，我們經常和公司同事及朋友一起舉辦家庭聚會。我們來往於彼此的家庭，並藉此鍛鍊孩子的協調力。

夕己小時候也經常因為在大人談話時插嘴而遭到訓斥。參與談話是一件好事，但是，孩子的本性就是會打斷別人的談話，並且中途插話的。

這時候，要對他們說：「先等我們說完。」等到談話告一段落後，再問：「對了，你剛才要說什麼？」然後，等回到家之後，或者在回程的車上，再教導孩子：「剛才你插嘴了哦，那樣是不對的。」如果在別人面前罵孩子，會傷孩子的自尊心；因此，在私底下才責罵，這也是一大重點。

應該說話的時候就要說話，應該沉默的時候就要沉默。

教導孩子溝通的基礎，讓孩子不會變成一個自目的人，這也是父母的重要任務。

# 鍛鍊「協調力」②

## 睡衣派對可以培養孩子的社交性

### 父母也要幫忙孩子交朋友

就養成「協調力」的意義來說，也要積極地支援孩子交朋友。

如果沒有朋友，還是無法訓練禮儀及用字遣詞等和別人來往時的基本能力。交到好朋友，這是幸福的第一要件。所以，我認為父母幫忙孩子交朋友是理所當然的事。

因此，儘可能地我會讓孩子帶朋友到家裡來。這樣不僅可以了解孩子的交友狀況，而且當孩子們在家中玩時，家長也監視得到，可以防止他們做壞事。因此，只要是有助於孩子交朋友的事，就應該毫不猶豫地去做。

在週末時我們會舉辦睡衣派對的過夜活動。以小女來說，她從小學5年級至中學畢業為止，幾乎每個禮拜都會找朋友來家裡。將棉被鋪在客廳，擠一擠，可以躺7個人。雖然只有一個男人會很尷尬，但我還是會混入其中。一手拿著啤酒，一邊聽女孩子們聊「誰在和誰交往」之類的話題，這樣也很愉快。

說到父母要付出的勞力，頂多就是準備棉被、餐點，或叫外送披薩之類的事。和「好朋友」這種巨大的報酬相較，這真的是很廉價。

另外，我也會帶孩子到我自己的社交場合去。孩子是父母的一面鏡子，父母的社交性通常也會傳承給孩子。假設父母都不邀請朋友到家裡來的話，孩子所接觸的大人就只剩下家人和學校老師而已。

為了避免這樣的狀況，當朋友邀我去作客時，我們一定會全家人赴約。由於邀約一方多半會全家人一同出席，所以就會變成家庭之間的交際。像這樣在陌生的家庭與初次見面的人相處，也可以逐漸培養孩子的協調性。

# 培養「笑容力」

## 笑容就是必殺技

除了「謀生能力」之外，我還希望孩子可以具備有「笑容力」。這也是出社會時必須具備的能力，因為「受人喜愛」是不可或缺的條件。

具有笑容力的人，會受到眾人的喜愛。最佳的例子就是嬰兒的笑容。只要看見嬰兒的笑容，沒有人會覺得不開心，不論是多麼嚴肅的人，表情也會變和善，心也會跟著融化起來；並湧上一股「想疼惜這個孩子」、「最愛這個孩子」的心情。

這就是笑容的力量。

有些人在成人之後，還是會展露出和嬰兒一般的燦爛笑容。這樣的人身旁總是聚集著許多人，而且笑聲不絕於耳。那就是因為他的笑容讓大家都變幸福了。

至於擁有那種笑容的人，不消多說，本身也會變得很幸福。因為他們會得到朋友的幫助，也能尋得最佳伴侶。

極端一點地說，即使其他的能力不足，只要具有笑容力，就可以得到身邊眾人的幫助。各位的周圍有沒有這種「笨拙、工作做不好，但很有親和力，令人無法討厭」、「忍不住就想幫他」的人呢？

這種人絕對是笑容力的達人。

笑容力就像這樣，可以成為生存的強力武器。

說到笑容力，如果要等到長大後再培養，那是很困難的。不過，如果要訓練，當然還是可以練得很好。

學會展露不令對方感到不快的笑容，這也是一種職場的禮儀。如果員工無法以笑臉和顧客交談，上司就不會交付工作給他；而如果有這方面的問題，還必須接受上司的特別指導。在服務業，有些公司還會舉辦專門的笑臉研習課程，以提高全公司的笑容度為目標。

但是，藉由這樣的訓練所養成的笑容，有時還是會有不夠自然的地方。舉例來說，雖然自己有心展露熱情的笑容，但在對方的眼中，卻只是「淺笑」，有些做作的「假笑」。總之，看起來簡單，實際做起來卻很難的就是笑容。

根據我自己的經驗，裝出來的笑容和真正可以讓人幸福的笑容，畢竟還是不一樣的。換句話說，笑容也有分真的和假的。

## 父母要示範笑容給孩子看

那麼，要如何教導孩子真正的笑容呢？

其實這非常簡單，那就是父母要發自內心地笑給孩子看。只要貫徹這一點就可以了。關鍵在於不要害怕表露情感，該笑的時候就要笑，想哭的時候就要哭。想要培養一個感情豐富的小孩，有一個大前提就是父母本身就要具備豐富的感情。

如此一來，孩子就會以父母的笑容為範本。反過來說，父母不對孩子展露笑顏，孩子也無法養成笑容力。

如果父母老是鬱鬱寡歡，一開口就是抱怨、責備的話，孩子會有什麼感覺呢？他們會因為顧忌父母的情緒，而不敢大聲地笑出來。甚至會進一步覺得人生是很無趣的。

從這點去想，或許父母應該從盡情享受自己的人生開始做起，因為孩子畢竟是父母的一面鏡子。

相較於男孩子，笑容力對於女孩子來說就更顯得重要了。如果說踏出社會的男性必須具備的是「謀生能力」的話，那麼女性必須具備的就是「笑容力」。而教導孩子笑容力的任務，恐怕還是交給母親比較適合。

有魅力的女性笑容，真的是很美好。在我第一次近距離看到某家電視台的女主播時，我深刻體會到這一點。

當然每位女性都是美人，但是，要說句很抱歉的話，如果光是單純地從五官去看的話，有很多女性其實都長得差不多，這就叫做第一印象。

但是，那些女主播卻具有迷倒眾生的魅力。特別是，她們的笑容很美、有親和力，而且知性。更重要的是，她們一點都不做作，是一種發自內心、像嬰兒般的笑容。這令我深刻地體會到，她們之所以能夠長期站在攝影機前，就是隱藏著這種受人喜愛的秘密。

我也曾經和女主播的母親見過兩次面，而那兩次都令我深感「原來就是有這樣的母親，女兒才會有那樣的笑容」。女主播母親的笑容真的很吸引人。此外，她們兩個人的感情很好，一起去購物、不停地有話聊，總是笑顏以對。

這令人聯想到，就是因為她們有這樣親密的親子關係，才能磨練出這種笑容力。因此，再一次地重申，孩子真的是父母的一面鏡子啊！

國家圖書館出版品預行編目資料

我這樣讓孩子上牛津大學 / 田中勝博作 ；陳玉華譯. -- 初版. -- 臺北縣新店市 : 世茂, 2010.1
面； 公分. --（婦幼館系列 ；110）

ISBN 978-986-6363-21-4（平裝）

1. 親職教育 2. 子女教育 3. 親子關係

528.2 98017140

婦幼館 110

# 我這樣讓孩子上牛津大學

編　　著／田中勝博
譯　　者／陳玉華
主　　編／簡玉芬
責任編輯／謝翠鈺
封面設計／高鶴倫
出 版 者／世茂出版有限公司
負 責 人／簡泰雄
登 記 證／局版臺省業字第 564 號
地　　址／（231）台北縣新店市民生路 19 號 5 樓
電　　話／（02）2218-3277
傳　　真／（02）2218-3239（訂書專線）、（02）2218-7539
劃撥帳號／ 19911841
戶　　名／世茂出版有限公司　單次郵購總金額未滿 500 元（含），請加 50 元掛號費
酷 書 網／ www.coolbooks.com.tw
排版製版／辰皓國際出版製作有限公司
印　　刷／長紅彩色印刷公司
初版一刷／ 2010 年 1 月

定　　價／ 250 元

黏貼處

電話：(02) 22183277
傳真：(02) 22187539

世茂好書·豐富心靈

世潮精典·智慧同行

廣告回函

北區郵政管理局登記證
北台字第9702號
免貼郵票

231台北縣新店市民生路19號5樓

世茂
世潮 出版有限公司 收
智富

黏貼處

請沿虛線剪下裝訂寄回，謝謝！

# 讀者回函卡

感謝您購買本書，為了提供您更好的服務，歡迎填妥以下資料並寄回，
我們將定期寄給您最新書訊、優惠通知及活動消息。當然您也可以E-mail：
Service@coolbooks.com.tw，提供我們寶貴的建議。

## 您的資料（請以正楷填寫清楚）

購買書名：____________________

姓名：__________ 生日：______ 年 ____ 月 ____ 日

性別：□男 □女 E-mail：____________

住址：□□□______縣市________鄉鎮市區________路街
______段______巷______弄______號______樓

聯絡電話：________________

職業：□傳播 □資訊 □商 □工 □軍公教 □學生 □其他：______

學歷：□碩士以上 □大學 □專科 □高中 □國中以下

購買地點：□書店 □網路書店 □便利商店 □量販店 □其他：______

購買此書原因：___ ___ ___ ___ ___ ___（請按優先順序填寫）
1封面設計 2價格 3內容 4親友介紹 5廣告宣傳 6其他：______

本書評價：____ 封面設計 1非常滿意 2滿意 3普通 4應改進
____ 內　容 1非常滿意 2滿意 3普通 4應改進
____ 編　輯 1非常滿意 2滿意 3普通 4應改進
____ 校　對 1非常滿意 2滿意 3普通 4應改進
____ 定　價 1非常滿意 2滿意 3普通 4應改進

給我們的建議：- - - - - - - - - - - - - - - - - - - - - - - -

- - - - - - - - - - - - - - - - - - - - - - - - - - - - - - -

- - - - - - - - - - - - - - - - - - - - - - - - - - - - - - -

# 好康兌換券

傳真專線：(02)2523-7015

服務專線：0800-882-520

請勾選兌換之服務

☐ 我想參加免費學力檢測，了解我孩子的學力程度。

☐ 我想索取《啊！原來這才是學習——功文式教育》乙書，更進一步了解功文式教育。（數量有限，送完為止）

| | | | |
|---|---|---|---|
| 家長姓名 | | | |
| 聯絡電話 | | 行動電話 | |
| 孩子姓名 | | 就讀年級 | |
| 孩子姓名 | | 就讀年級 | |
| 居家地址 | | | |
| 電子郵件信箱 | | | |

本活動有效期限至2010年6月30日